新西兰教育法律制度研究

XINXILAN JIAOYU FALÜ ZHIDU YANJIU

李明辉　李育侠 / 著

中国政法大学出版社

2021·北京

声　　明　　1. 版权所有，侵权必究。

　　　　　　2. 如有缺页、倒装问题，由出版社负责退换。

图书在版编目（CIP）数据

新西兰教育法律制度研究/李明辉，李育侠著.—北京：中国政法大学出版社，2021.10
ISBN 978-7-5764-0170-7

Ⅰ.①新…　Ⅱ.①李…②李…　Ⅲ.①教育法－研究－新西兰　Ⅳ.①D961.221.6

中国版本图书馆CIP数据核字(2021)第227454号

出　版　者	中国政法大学出版社	
地　　　址	北京市海淀区西土城路25号	
邮寄地址	北京100088 信箱8034分箱　邮编100088	
网　　　址	http://www.cuplpress.com（网络实名：中国政法大学出版社）	
电　　　话	010-58908586(编辑部) 58908334(邮购部)	
编辑邮箱	zhengfadch@126.com	
承　　印	固安华明印业有限公司	
开　　本	880mm×1230mm　1/32	
印　　张	7	
字　　数	200千字	
版　　次	2021年10月第1版	
印　　次	2021年10月第1次印刷	
定　　价	39.00元	

总序 GENERAL ORDER

  百年大计，教育为本。教育的发展进步离不开法治的规范与保障。新中国成立以来，我国教育法治建设历经起步、发展、完善三个阶段，取得了教育立法初成体系、教育行政显著改善、教育司法不断突破、法治教育有效开展等重大成就。但与此同时，其仍然存在教育法治理念有待提升、法律规范体系尚不完备、法治实施体系不够高效、法治保障体系相对乏力等局限。新时代的教育法治建设还需在立法、执法、司法、守法、普法上统筹推进，在理念、制度、技术上革故鼎新，从而实现教育领域的良法善治。

  西南大学教育立法研究基地（简称"基地"）是教育部政策法规司与西南大学合作共建的教育法治研究机构。基地以西南大学法学院为主要依托，联系整合校内外优秀资源，致力于建设成为"教育政策立法高端智库""教育立法理论研究高地"和"法治教育高级人才培养培训基地"。自成立以来，基地在教育立法咨政服务、教育法治理论研究及法治教育培训活动等方面取得了良好成绩，赢得了主管部门与社会各界的广泛好评。

  为进一步加强教育法治研究，基地筹划推出《西南教育法治文库》系列丛书。本套丛书以"着眼教育法治理论，助推教育法治建设"为宗旨，主要收录教育法治和法治教育两大主题的学术专著。丛书选录坚持以"兼容并包、创新实用"为原则，在选题方向、研究范式等方面不严格限制，但求"切实推动理论进步、有效回应现实需求"的学术精品。我们希望《西南教育法治文库》能够成为教育法治领域思想传播的媒介、学术交流的窗口和对话互动的平台。

新时代，新使命。教育法治研究博大精深，教育法治建设任重道远。希望本套丛书能为我国教育法治理论与实践的推进尽一份绵薄之力！

西南大学教育立法研究基地主任　　张新民
西南大学法学院教授、博士生导师
2021 年 12 月

前言 PREFACE

新西兰作为一个独立的国家，其建国时间虽然不是很长，但在教育上却取得了巨大的成就。这些成就毫不逊色于美国、日本和欧洲的一些教育发达的资本主义国家。例如，新西兰教育体系完善，各级各类学校齐全。新西兰的教育体系有幼儿教育、小学教育、中学教育和大学教育。新西兰有公立学校、特许学校、私立学校等。公立小学2235所，公立中学320所，公立大学8所，还有多所私立学校。新西兰的教育体制也很开放，国际合作办学异常活跃。许多学院设立海外服务部，接收各国的学生到新西兰进行英语培训，合格者由他们介绍到新西兰的大学深造；新西兰25岁至64岁的人口中，有3/4之多已经获得了中等或高等教育文凭，远远高于经济合作与发展组织成员国的平均数65%，大部分新西兰学生的学业成就（student achievement）位列该组织国家学生的前25%；新西兰在教师培训和专业化方面发展得很好，其高素质和所取得的优异成绩受到国人及全世界的高度称赞。2017年《经济学人》智库发布《全球未来教育指数》白皮书，通过调查美国、英国、加拿大、澳大利亚、中国、新加坡等35个全球经济体的未来教育指数，并深入采访17位来自全球的教育专家，最后作出报告：新西兰综合排名第一。

那么，新西兰在教育方面是怎么取得如此卓著的成就呢？笔者认为与其发达的教育法律制度是密切相关的。西方一贯有法治传统，从古希腊、古罗马那个时代就已经开始了。亚里士多德曾经说过：众人之治优于一人之治。因为法律不是由一个人制定的，而是由人民的代表通过一系列的程序制定出来的。因此，法治能够集思广益，最大限度地发挥人民群众的聪明才智。新西兰建国的时间虽然不长，但它是一个移民国家，大部分移民来自于欧洲，他们给新西兰带来了法治的习惯和传统。所以，从一开始，新西兰的教育事业就在法律的保护下扬帆起航，在绕过了一道道险滩和暗礁后，迎来了灿烂的鲜花和芬芳的美酒。既然新西兰的教育法律制度如此发达，那么就有很多经验值得我们借鉴和吸收。不过在借鉴和吸收之前，应该先对它的教育法律制度有所了解，因为吸收和借鉴应是有选择性的，吸收和借鉴其有益的成分。中国和新西兰的国情毕竟不同，如果盲目地吸收和借鉴则会产生反作用。要了解新西兰的教育法律制度，必须对其进行全面和系统的研究。通过全面和系统的研究，了解其教育法律制度发展和演变的历史，详细掌握它的一些主要内容，清楚其优点和缺点，然后才能够做出科学和合理的判断。本书写作的目的，就是对新西兰的教育法律制度进行全面系统的研究，从而为我国的教育立法提供经验和借鉴。本书分为五大部分，分别为：

第一章"新西兰教育法律制度的发展演变"，本章分为四节，分别介绍和分析了新西兰1877年《教育法》、1914年《教育法》、1964年《教育法》和1989年《教育法》的制定背景、基本内容以及立法意义，对于新西兰教育法发展和演变的历史进行了详细的梳理，为从整体上了解新西兰的教育法律制度奠定了基础，也为后文的写作做了充分的准备。

第二章"新西兰教育法律制度的价值取向"，本章分为三节，每节介绍和分析了一个价值目标，即平等、实用和民主。平等是西方人一个永恒的价值追求，这也深刻地体现在了新西兰的教育法律当中，本节分别从城乡、性别、宗教、种族、身体等几种维度探讨了新西兰教育法律制度上的平等取向；新西兰教育法律制度的第二个价值取向是实用，实用主义哲学深刻影响了新西兰人，因此他们在制定教育法时也贯彻了这种价值，本节从教育方法、教学内容、职业教育以及成人教育四个方面进行了分析；新西兰教育法律制度的第三个价值取向是民主，本节从社区教育、教育行政机构的调整、学校董事会的权责以及学校家长组织等方面介绍和分析了民主价值取向。

第三章"新西兰教育法律制度的结构体系"，本章分为五节，分别为第一节"受教育权和教育权"，介绍了新西兰受教育权以及教育权的相关规定；第二节"教育管理"，介绍了教育管理机构和教育管理制度；第三节"教育实施机构的设立"，介绍了新西兰教育模式以及教育实施机构设立的条件；第四节"学生与教师"，介绍了关于学生和教师的各项制度；第五节"课程与教学"，介绍新西兰教育法关于课程和教学的规定。

第四章"新西兰教育法律制度的实施效果"，本章分为两节，分别为第一节"新西兰教育制度取得的成效"，从六个方面分析了新西兰教育取得的成就；第二节"新西兰教育制度实施的保障"，从经费充足等五个方面分析了新西兰教育法律制度得到贯彻落实的保障措施。

第五章"新西兰教育法律制度的经验启示"，本章分为三节，分别从报告制度、教育改革以及纠纷司法化三个方面介绍了新西兰教育法律制度的经验。第一节分析了新西兰教育法中关于报告的规定以及新西兰政府关于教育情况的报告；第二节分析了通过教育改革取得进步的经验；第三节分析了教育纠纷司法化的规定以及诉讼在处理教育纠纷中的具体应用。

　　本书五章之间的关系是上下相承、前后相续和逐步推进的，符合我们认识事物的基本逻辑。第一章发展演变和第二章价值取向，属于概括性的分析和介绍，主要目的旨在让读者对于新西兰教育法律制度形成一个整体的印象。以此为基础，第三章介绍了新西兰教育法律制度的结构和体系，本章相对于前两章来讲，内容更加具体，有利于读者对新西兰的主要教育法律制度有一个基本的了解。此时读者必会产生下列两个问题：第一，新西兰的教育法律制度产生了什么效果，对于新西兰教育事业的发展有什么影响？第二，新西兰的教育法律制度虽然如此发达，它对我们国家的教育立法有借鉴作用吗？后面两章，即第四章和第五章恰好回答了读者的这两个问题。因此，本书在逻辑上是严谨的，思路上是清晰的，结构上是完整的，内容上是翔实的。同时，本书的选题也较为新颖。截至目前，国内全面系统地介绍和分析新西兰教育法律制度的著述尚未发现。此外，本书的成果对于我国的教育立法具有一定的参考意义。因此，本书具有一定的学术价值和实践价值。但是，由于时间所限，本书的写作比较匆忙，有些地方还存在着论证不够充分和深入的问题，恳请方家批评指正。

目录 CONTENTS

总　序 …………………………………………… 001
前　言 …………………………………………… 003

第一章　新西兰教育法律制度的发展演变 ………… 001
第一节　1877 年《教育法》………………………… 002
一、1877 年《教育法》的制定背景 ……………… 002
二、1877 年《教育法》的主要内容 ……………… 007
三、1877 年《教育法》的立法意义 ……………… 012
第二节　1914 年《教育法》………………………… 014
一、1914 年《教育法》的制定背景 ……………… 014
二、1914 年《教育法》的主要内容 ……………… 016
三、1914 年《教育法》的立法意义 ……………… 028
第三节　1964 年《教育法》………………………… 029
一、1964 年《教育法》的制定背景 ……………… 029
二、1964 年《教育法》的主要内容 ……………… 033

三、1964年《教育法》的立法意义 …………………… 035
第四节　1989年《教育法》 …………………………………… 036
一、1989年《教育法》的制定背景 …………………… 036
二、1989年《教育法》的主要内容 …………………… 040
三、1989年《教育法》的立法意义 …………………… 042

第二章　新西兰教育法律制度的价值取向 …………… 045
第一节　新西兰教育法律制度平等化 ……………………… 045
一、城乡和性别不同的学生在教育上是平等的 ……… 046
二、不同信仰的学生在宗教教育上的平等 …………… 049
三、欧洲人与毛利人在教育上的平等 ………………… 050
四、特殊教育为残疾人提供教育上的平等 …………… 058
第二节　新西兰教育法律制度实用化 ……………………… 062
一、新西兰教育法规定的教育方法体现了实用 ……… 063
二、新西兰教育法规定的教学内容体现了实用 ……… 064
三、新西兰教育法规定的职业技术教育体现了实用 … 065
四、新西兰教育法规定的成人社区教育体现了实用 … 066
第三节　新西兰教育法律制度民主化 ……………………… 068
一、新西兰教育机构的组成体现了民主 ……………… 069
二、新西兰成人社区教育计划的实施充分体现了民主 … 070
三、调整中央教育行政机关组织与职权体现了民主 … 071
四、扩大学校董事会的权责体现了民主 ……………… 072
五、新西兰学校家长组织的设立体现了民主 ………… 074

目 录

第三章 新西兰教育法律制度的结构体系 …………… 075

第一节 受教育权和教育权 …………………………… 075
一、新西兰受教育权的相关规定 ………………… 075
二、教育权的种类以及新西兰教育法的基本规定 …… 080

第二节 教育管理 ……………………………………… 085
一、教育管理机构 ………………………………… 085
二、教育管理制度 ………………………………… 096

第三节 教育实施机构 ………………………………… 114
一、学前教育机构 ………………………………… 116
二、中小学校的设立 ……………………………… 120
三、高等教育实施机构 …………………………… 129

第四节 学生与教师 …………………………………… 134
一、学生 …………………………………………… 134
二、教师 …………………………………………… 145

第五节 课程与教学 …………………………………… 152
一、课程 …………………………………………… 152
二、教学 …………………………………………… 159

第四章 新西兰教育法律制度的实施效果 …………… 163

第一节 新西兰教育取得的成效 ……………………… 163
一、新西兰教育体系完善 ………………………… 163
二、新西兰各级、各类学校齐全 ………………… 165
三、新西兰国际合作办学活跃 …………………… 166
四、新西兰公民的学历普遍提高 ………………… 167

五、新西兰教师的质量世界领先 …………………… 168
六、新西兰未来教育指数全球排名第一 …………… 168
第二节 新西兰法律教育制度实施的保障 ……………… 169
一、规范内容明确是新西兰教育法律制度顺利实施的
保障 ……………………………………………… 169
二、配套措施完善是新西兰教育法律制度顺利实施的
保障 ……………………………………………… 172
三、充足的经费是新西兰教育法律制度顺利实施的
保障 ……………………………………………… 176
四、积极采取各种措施是新西兰教育法律制度顺利
实施的保障 ……………………………………… 178
五、经常检查督促是新西兰教育法律制度顺利实施的
保障 ……………………………………………… 180

第五章 新西兰教育法律制度的经验启示 ……………… 185
第一节 新西兰教育法律制度的基本经验 ……………… 185
一、报告制度有利于新西兰不同的教育主体之间实现
顺利的沟通和交流 ……………………………… 185
二、改革有利于新西兰教育法律制度的修正和完善 … 187
三、纠纷司法化有利于新西兰教育管理者及时改正
错误 ……………………………………………… 189
第二节 新西兰教育法律制度的主要问题 ……………… 191
一、学校董事会自治模式从全国范围来看没有取得一致的
良好效果 ………………………………………… 191

目 录

　　二、学校教育的提供情况呈现不足状态 ················ 194

　　三、新西兰中小学在组织高素质教师队伍的战略上
　　　　缺乏必要的支持、连贯性和协调性 ················ 197

第三节　新西兰教育法律制度的启示 ······················ 199

　　一、完善学校董事会制度以促进学校的良好治理 ······ 199

　　二、制定一项全国学校网络战略，为新西兰人提供
　　　　充分的、有意义的教育 ·························· 200

　　三、加强对教师队伍必要的支持，以确保教学质量 ··· 202

参考文献 ·· 204
致　谢 ··· 210

第一章 CHAPTER 01
新西兰教育法律制度的发展演变

　　新西兰建国时间不长,是一个移民国家,大部分移民来源于欧洲和美国。欧洲是西方文明的发源地,自古希腊和古罗马时起,法治和教育文明便开始产生和发展,至今已经有了几千年的历史。欧洲人来到新西兰之后,把他们的法治传统和教育思想也带到了这里。他们开始建立学校并制定法律制度对教育事业进行管理。因此新西兰的教育目前是世界上最好的教育之一,教育制度非常发达。历史往往能够揭示事物发展的规律,因此本章将首先介绍和分析新西兰教育法律制度的历史,揭示其发展和演变的规律,并为后面的写作做好铺垫。新西兰历史上存在4部《教育法》,分别是1877年《教育法》、1914年《教育法》、1964年《教育法》和1989年《教育法》,本章将按照时间脉络对它们的制定背景、主要内容和立法意义予以详细探讨。

第一节 1877年《教育法》

一、1877年《教育法》的制定背景

(一) 欧洲移民殖民新西兰

1. 人口构成及其活动

在新西兰这片美丽的土地上,到底从何时起开始有了人类居住?这些人又是从何处而来?对于这些问题,学者们一般认为,最早踏上新西兰土地的是毛利人,这个说法已经成为定论。在欧洲人到来之前,毛利人没有自己的语言,因此他们通过将符号刻在木头上来记事,久而久之形成了一门独特的艺术——木雕,毛利人的木雕艺术可谓世界闻名。毛利人原来信仰多神教,在欧洲传教士来到新西兰之后,开始改信基督教。毛利人对新西兰具有重大影响,无论是政治、经济还是文化。直到英国人库克在1769年登陆新西兰之前,新西兰仍然是毛利人的天下。

在塔斯曼探险和库克船长登陆新西兰之后,很多欧洲人开始知道太平洋南部存在一个土地肥沃、资源丰富的地方。为了寻找梦寐以求的资源和财富,或者基于对国内政治制度不满,或者怀着传播宗教的抱负,欧洲人开始不断涌入新西兰。在当时来到新西兰的欧洲人中,英国人最多,此外还有法国人、德国人、挪威人以及美国人。他们来到新西兰之后,大肆掠夺新西兰的资源,并且引发了战争,也带来了疾病,夺去了很多毛利人的生命。当然,欧洲人也带来了文化、技术和宗教,这又在一定程度上促进了毛利人的发展。

从此之后,毛利人一统天下的局面改变了,新西兰由此进入了一个新的历史时期。大批的欧洲人与美国人来到新西兰捕

鲸、猎杀海豹，从事木材与亚麻贸易，传播基督教义。虽然库克船长早在1769年就在新西兰登陆并宣布新西兰属于大英帝国女王管辖，但其当时并没有对新西兰进行实质占领。实际上，欧洲移民大量来到新西兰是从19世纪90年代才开始的，他们当时来到新西兰主要从事捕鲸、传教、猎杀海豹、木材以及亚麻贸易等活动。当时，新西兰人口中以毛利人和英国移民数量最多，而英国移民来自两个地方：一是英国本土；一是英国在澳大利亚的殖民地新南威尔士。因此，新西兰开始是作为新南威尔士殖民地的一部分，后来才正式成为独立的英国殖民地。

2. 政治背景及其意义

1840年11月16日，英国发布《建立新西兰殖民地章程》（Charter for Erecting the Colony of New Zealand and for Creating and Establishing a Legislative Council and Executive Council），决定建立立法委员会（Legislative Council）和行政委员会（Executive Council），这标志着英国官方正式承认新西兰为英国的独立殖民地。1841年5月3日，霍布森宣布他收到了盖有英国国玺的信，落款时间是1840年11月16日，信的内容是新西兰从新南威尔士脱离出来，成为一个独立的地区，约定建立行政委员会和立法委员会，各有若干部门和成员。[1]

1852年6月30日，英国国会制定《新西兰宪法法》（New Zealand Constitution Act[2]），授予新西兰建立自治政府（self-government）的权力。该法于1853年生效，根据该法在新西兰

---

[1] A. J. Harrop, *England and New Zealand from Tasman to the Taranaki War*, METHUEN & CO. LTD, London, 1926, p. 145.

[2] 该法又名 An Act to Grant a Representative Constitution to the Colony of New Zealand. See W. David McIntyre and W. J. Gardner（eds.）, *Speeches and Documents on New Zealand History*, Oxford University Press, London, 1971, p. 73.

设立两院制大会、[1]行政委员会并将新西兰划分为6个省。[2]当时在位的总督是乔治·格雷（George Grey）。通过以上法律活动，英国正式赋予了新西兰独立殖民地的地位，标志着新西兰从新南威尔士殖民地独立出来，不再受新南威尔士总督的管辖。从此以后，新西兰作为英国的独立殖民地，有了自己的立法权，包括教育立法权。

3. 欧洲文化传播与影响

欧洲的传教士运动对于新西兰，特别是毛利人具有非常大的影响。传教士来到新西兰之后，有些毛利人接受了基督教的思想，并取代了原来的宗教信仰，有些毛利人则将基督教思想与原来的宗教信仰相混合。赛缪尔·马斯登（Samuel Marsden），是新南威尔士（New South Wales）的高级牧师，是新西兰第一个传教点的创立人。[3]1814年12月，赛缪尔·马斯登在新南威尔士殖民地一个牧师的护送下来到了新西兰的岛屿湾（The Bay of Islands）。另外，英国教会传道会[4]（Church Missionary Society）选派三个人作为他的助手，他们是威廉·霍尔（William Hall）、约翰·金（John King）及托马斯·肯德尔（Thomas Kendall）。后来，德国教会和苏格兰的改革派教会也派传教士到新西兰传教。

这些传教士来到新西兰之后，积极地与毛利人建立联系，取得了毛利人的支持和信任。有的传教士与毛利人进行贸易，有的传教士则传授毛利人农业和贸易技能，有的传教士则教毛

---

[1] 两院制大会包括总督、立法委员会和众议院。

[2] 这6个省包括奥克兰（Auckland）、新普利茅斯（New Plymouth）、惠灵顿（Wellington）、尼尔森（Nelson）、坎特伯雷（Canterbury）和奥塔哥（Otago）。

[3] Angus Ross, *New Zealand Aspirations in the Pacific in the Nineteenth Century*, Clarendon Press, Oxford, 1964, p.9.

[4] 该组织于1799年在英国伦敦建立，简称CMS。

第一章　新西兰教育法律制度的发展演变

利人学习阅读和写作。托马斯·肯德尔在当地建立了一所学校，而且编写了第一本毛利语字典。有的传教士作为调停人参与了一些纠纷的解决，包括英国政府和毛利人的争端，甚至在《怀唐伊条约》（the Treaty of Waitangi）签订时也能看到他们的身影。这些活动对于新西兰经济、社会和文化的发展都发挥了积极作用，但是他们为了取得一些毛利人的支持，送给毛利人大量枪支。由于毛利人在战争中使用了枪支，导致毛利人口急剧下降，这些对毛利人的发展又是不利的。

（二）教育处于起步阶段

1. 只有部分孩子拥有上学机会

在19世纪中期，教育是大多数新西兰人想要的，但只有一部分人拥有。从1814年开始，一些毛利人在教会学校学会读写，一些英格兰、苏格兰和爱尔兰的移民受到了非常良好的教育。但在19世纪50年代，大约25%的帕克哈（Pākehā，新西兰白人）不能读或写，另有14%只能读。大多数父母都梦想过更好的生活，包括为他们的孩子提供上学的机会。

从19世纪40年代开始，新西兰有英国和其他移民定居，其中许多人无法读写。没有法律规定儿童必须上学，教育不是免费的，只有富裕的人才能负担得起。许多人住在农村，附近的学校很少。

在1877年《教育法》颁布之前，孩子们能够得到教育是幸运的，因为它既不是强制性的，也不是免费的。只有富人才付得起学费。一些学校是由宗教团体建立的，另一些学校则是由省政府建立的，但它们并非均匀分布。

南部的纳尔逊省和奥塔哥省的教育系统比北部的奥克兰省更完善，资金也更充足。在19世纪，更多的人生活在农村，但大多数学校却在城镇。

2. 免费公立学校尚未建立

新西兰最早的学校是由传教士团体建立的,目的是对毛利人进行教育和基督教化。一些民间世俗组织也发挥了一些作用。这个国家的第一所中学是圣约翰神学院,由英国国教于1843年建立。虽然起初持怀疑态度,但许多毛利人很快就看到了传教士所提供的教育的实际价值。虽然一些家长需要通过贿赂才能送孩子上学,但许多家长也是自愿的。

1852年的《宪法法案》设立了省级议会,负责教育。19世纪50年代和60年代,地方议会建立了许多公立小学,包括农村地区的学校。然而,省级议会早期的努力并没有导致全国免费公立学校网络的形成。一些地方议会选择向教派学校提供财政援助,而不是建立省级公立学校。因此,在一些省份,由一些委员会至少部分资助的教派学校具有重要意义。但是,这造成了一些分歧,因为各教派在这些资金的分配方面存在偏袒。另一些人质疑公众支持教派学校的原则。由议会创办或资助的新学校是小学。总督乔治·格雷爵士为促进中学的建立,批准了一系列土地赠款,以帮助当地社区资助中学、大学和文法学校。然而,当地官员并没有立即建立公立中学,最早的中学是私立学校。基督学院是建立在克莱斯特彻奇基础上的英国公立(私立)学校(1851年)。

新西兰最早的公立学校之一是奥克兰文法学校(Auckland Grammar School),这是一所面向男孩的学校,成立于1869年,当时的学校董事会确信,最初的土地赠款收入足以支撑一所学校。作为一所公立学校,最初入学的68名男孩被要求支付学费。早期的新西兰中学是根据议会的个别法案建立的,这些学校不是免费的,父母支付了费用。开设的课程都非常传统,强调拉丁语、英语和历史。这些学校是在英国公立学校和文法学校的基础上开办的,预科和重点是体育。南岛第一所州立中学是克赖斯特彻奇男子中学(1881年)。直到1904年,新西兰才有了免费学校。

这一时期的新西兰学校是英国社会的堡垒,提倡的价值观和文化是英国的。在法律上,毛利人并没有被排除在这些学校之外,但由于大多数毛利人生活在偏远的农村地区,因此很少有人上过帕克哈小学。学校里没有毛利文化的一席之地。

在小学教育对所有人免费开放之前,土著学校系统通常在偏远社区为毛利儿童提供学校。父母要求送孩子上学,并帮助补贴教师的工资。1874年,新西兰共有64所这样的学校。在1877年之前,毛利儿童可以上本土学校。1877年之后,毛利儿童也可以上公立学校,但毛利人的独立制度一直持续到了20世纪60年代。

二、1877年《教育法》的主要内容

1877年《教育法》(Education Act of 1877)是新西兰历史上第一部全国性的教育法。它塑造了新西兰教育法的雏形,奠定了新西兰教育制度的基础,建立了新西兰全面、义务和世俗(非宗教)的教育体系。该法共分为四大部分,包括104个条文。四大部分分别是第一部分"教育部"(Department of Eduoation);第二部分"教育委员会"(Education Boards);第三部分"学区、学校理事会和他们的职责"(School Districts, School Committees and Their Duties);第四部分"公立学校及其管理"(Public Schools and Management Thereof)。这部法律虽然条文不多,但其在历史上的重要意义和地位不容置疑。

(一)确立义务教育制度

1877年《教育法》(1877年11月29日通过)为所有新西

兰儿童建立了免费、义务和世俗的教育。政府开始建立广泛的公立、非宗教的小学体系。小学入学是免费和强制性的。该法第 89 条规定:"根据本法规定,每名不少于 7 岁但不超过 13 岁的孩子的父母或监护人,如果这类孩子居住在距离学区内的公立学校最近的道路测量的 2 英里以内,在学校通常开放的时间内,每年至少有一半的时间应该将孩子送去学校。"

该法不适用于毛利人,但如果他们的父母希望他们可以参加免费学校,也可以将他们送入学校。1894 年,毛利人的小学教育开始成为义务教育。该法第 10 条规定:"本法不对任何毛利人具有约束力;但任何毛利人均有权根据本法将其子女送入公立学校,但须遵守该学校目前有效的规定。'毛利人'一词应包括新西兰土著民族的每一个人和其父母之一是该种族本地人的每一个人;但在本法令的解释中,不得将半种姓视为毛利人,除非他是某个土著部落或社区的成员。"

1877 年《教育法》要求 7 岁至 13 岁的新西兰儿童上学。该立法仅涵盖一至八年级(新西兰小学阶段)的儿童;虽然接受小学教育成了一项普遍权利,但中学仅适用于少数人。最初的重点是初等教育,但政府根据不同的法令为几所新的公立中学编列了经费。在此期间,新西兰建立了几所著名的公立中学,包括纳尔逊学院、克赖斯特彻奇男校。虽然这些新的中学都是公立学校,但它们遵循课程和教学,以及英国公立(私立)学校的传统。父母被要求支付费用,费用和入学要求仅限于少数学生。

(二)统一课程标准和上课时间

该法提供了统一的课程标准,规定每一所公立学校均须按照下列规定进行教学和安排上课时间。教学内容包括阅读、写作、算术、英语语法和作文、地理、历史、基础科学和绘画、实物教学课、声乐、(就女孩而言)缝纫和针线活以及家庭经济。但是，如果父母或者监护人反对历史教学，学校不得强迫其子女参加。[1]此外，公立学校应提供针对所有男生的军事训练指导。在学校，董事会应不时直接提供体育训练，并在切实可行的情况下为每所学校配备至少1/4英亩的操场。[2]

新西兰学校的历史教学要求较低的学校从希腊、罗马或早期英国历史开始讲起，连续的课程贯穿了17、18世纪的英国历史。这门课由所使用的教科书的标题来表示。公务员考试和大学举办的高级学校考试强调英国的政治史，突出了这门学科对公民培训和文化价值传播的作用。

但是，就像在小学一样，学习历史就是锻炼一个人的记忆力。学生们希望对整个英国历史有所了解，却没有时间去思考因果关系。姓名、日期和事件都要重读，存在大量的死记硬背，包括学习年表。教师的专业培训有限，课堂规模较大，严重依赖课本。

从1877年到1914年，历史在新西兰中学以古典为主的课程中占有次要地位。它在大学的地位也很差，因为大学的历史教学经费有限。公众对历史的态度反映出当时历史被视为地位低下的功利主义主题。1879年，12所中学向皇家委员会提交了他们的课程大纲。结果显示，对历史最"慷慨"的课时安排是每周2小时。

（三）实施三级管理体制

为了运行新的教育制度，新西兰在此时实施三级管理体制。三级管理分别为教育部、教育委员会和学校理事会。

1. 教育部（Department of Education）

新西兰专门成立了教育部主管全国的教育工作，监督12个新学区的地区教育委员会。1877年《教育法》第6条规定：

---

[1] 1877年《教育法》第84条。
[2] 1877年《教育法》第85条。

"总督可不时任命王国的任何部长为教育部长。根据本法第一部分的规定，教育部长应拥有教育部的控制权和指导权。本部门工作人员，一般应服从下列规定，并应执行本法。"

2. 教育委员会（Education Boards）

1877年《教育法》在新西兰境内建立了教育委员会体系，其职能是在其所在地区建立和维护公共学校并任命教师。学校董事会受教育委员会管理和监督，管理其学校。教育委员会成员是从每个学区的（由家长选出的）学校董事会中选出的。新西兰在全国划分了12个教育区，[1]包括惠灵顿教育区、霍克湾教育区、马尔堡教育区、纳尔逊教育区、北坎特伯雷教育区、南坎特伯雷教育区、维斯特兰教育区、奥塔哥教育区和南部教育区等。每个教育区都设立了教育委员会，以管理本区的教育工作。

教育区的教育委员会具有以下职责：①设立和维持公立学校。1877年《教育法》第35条规定："在不违反本法规定的情况下，每个区的委员会都应在该地区内设立和维持公立学校，不论这些学校是否已根据特此废除的任何法令或法令的规定设立，或由该委员会根据本法的规定设立；须促进在该地区内设立学区，并界定其界限，并有权更改教育委员会认为适当的限额，并将任何该等学区划分为两个或多于两个学区或地区的部分，或将两个或多于两个学区或该等学区的部分合并为一个；按照本法规定的方式任命和罢免官员、教师；可设立奖学金、学校图书馆和区级高中；应筹集为施行本法而需筹集的款项，并管理教育部提供的资金和可能成为教育委员会财产的所有其他基金；一般享有并行使本法规定的所有职责和功能。"②任命或安排教师。1877年《教育法》第45条规定："每个教育区的

---

[1] 12个教育区的划分及其管辖范围参见1877年《教育法》附表二。

教育委员会都有权为其控制下的每一所学校任命教师，或将这些教师从一所学校调往区内的任何其他学校，但任何人如不出示教育部长的合格证书以及根据本法可能制定的任何条例所要求的其他合格证书，则无资格获委任。但如任何一所或多所学校没有有证书的教师，则可暂时委任未获正式合格证书的人，直至其有取得证书的教师为止。合格证书将在考试后以下文规定的方式颁发给教师。但学校理事会可向教育委员会推荐教师以供委任，并可建议暂时停职或解雇任何该等教员；但在未咨询教育委员会意见前，教育委员会不得委任、停职或解雇教师。"③设立奖学金。1877年《教育法》第52条规定："教育委员会可在部长的同意下，不时利用为此目的而特别适用的资金设立奖学金，供就读任何公立学校的学生竞争，也可向所有学龄儿童开放奖学金，按根据本条例订立的规则所定的方式及时间办理。任何该等奖学金的成功竞争者，只可在其继续就读于教育委员会所控制的任何学校或教育机构的情况下才能获得奖学金的款额，但如在该奖学金持有人居住的地区内并无该等学校或机构，则须经校务委员会批准的公立学校督学视察该学校。"

3. 学校董事会（School Committees）

新成立的教育部提供了国家课程，并为12个区域的教育委员会拨付了资金。这些教育委员会负责监督管理个别学校的学校董事会。

政府通过"按人计算的补助金"资助其学校。如果他/她达到了一定的出勤率，则为每个孩子提供固定金额。如果学校没有达到平均总体出勤率，则只有部分费用可以得到保障，而且父母必须帮助支付教师的工资。

该法第74条至第79条规定了学校董事会的职责：①学校董事会在获得所在学区的教育委员会的明确批准下，设立一所或多于一所公立学校；②提供校舍、学校设备和为提高学校效率所需的一切；③安排老师到其控制下的学校工作；④选择、购买、租赁或取得一块或多块合适的校舍用地；⑤经教育委员会批准，学校董事会可以为在学校就读的孩子设立储蓄银行；⑥为学生签发"高出勤率证书"；⑦受理被开除或禁止就读的学生的父母或监护人提出的上诉。

从学校董事会的职责我们可以看出，当时法律赋予新西兰学校董事会的职责是非常广泛的，学校董事会的权力是很大的。

（四）推行学校检查制度

为了督促学校遵守法律、依法实施各项制度、保障教学质量、维护学生的合法权益，1877年《教育法》设立了"学校检查制度"。该法第97条至第99条规定了制度的具体内容。为了推行检查制度，当时的新西兰教育系统专门设立了一个岗位，即检查员。检查员的职责是按照法律的规定对学校进行各项检查。对于学校而言，检查的方式有两种：一是被动的检查，即政府管理者可能不时派教育部门的检查员检查任何工业学校、少年管教所、监管所学校或其他完全或部分由公共收入或由政府管理者从土地方面得到的捐赠基金资助的教育机构；二是主动的检查，即如果私立学校的教师或管理人员希望由检查员检查其学校，则该教师或管理人员[1]可向学校董事会申请授权，经授权后，应以类似针对公立学校的检查方式进行检查。

三、1877年《教育法》的立法意义

（一）为新西兰确立了免费义务教育制度

1877年《教育法》确立了新西兰第一个世俗的、义务的和

---

[1] "管理人员"一词应指控制和管理这类学校的任何人，不论其是否拥有或被授予校舍的合法利益。

免费的国家初等教育体系。根据该法，7岁至13岁的儿童必须上小学。此外，该法还试图建立教育质量标准，因为学校的资源和方法差别很大。在此之前，孩子们就读于省政府、教会或私立学校管理的学校。与所有立法一样，该法案的有效性取决于其实用性和执行该法案的资源。此时，许多儿童仍然面临上学困难，尤其是那些手工劳动对家庭很重要的农村地区的孩子。

1877年《教育法》为所有新西兰儿童设立了一至八年级（新西兰小学阶段）的免费义务小学教育，并由地区教育委员会设立公立学校。在1877年设立的约730所公立小学中，78%是拥有一两名教师的乡村学校，它们为大约一半的小学学龄儿童提供教育。

但是，免费义务教育的时间并不太长，只是限于小学阶段。初中及其以上的教育都是收费的。大约在1900年，中学教育一般是针对那些打算上大学或进入职业生涯的富有精英，并且不是免费的。1901年，12岁至18岁的人中只有不到3%的人上了公立中学，另外5%的人参加了地区高中或标准七。教育机会从1902年左右开始改善，当时中学获得了补助金以招收更多学生。

直至1914年《教育法》颁布后，这种状况才得到改变，免费义务教育扩大到了中学（初中）。1914年《教育法》要求中学向所有通过能力考试的人提供免费教育。因此，熟练程度证书成了工作和职业机会的主要决定因素。到1921年，在12岁至18岁的青少年中，有近13%的人在中学就读（通常至少2年）；到了1939年这种状况才得到改变，有25%的人在中学就读。[1]

（二）为毛利人和妇女接受高等教育提供了保障

该法对毛利人和妇女产生了一些影响，使一小部分人能够

---

[1] Erik Olssen, "Towards a New Society", Geoffrey Rice (ed.), *The Oxford History of New Zealand*, Oxford: Oxford University Press, 1992, pp. 276~277; Melanie Nolan, *The New Oxford History of New Zealand*, Oxford, 2009, p. 379.

接受高等教育。例如，在 1877 年至 1900 年间，有 500 多名毛利女孩就读于霍克斯湾的胡卡雷当地女子学校。1884 年，10 岁的阿皮拉纳·恩格塔进入了泰奥特学院学习并获得奖学金，成了新西兰大学毕业的第一个毛利人，后来她成了一名杰出的政治家。

此外，妇女有资格参加学校董事会，并立即从事了这样的工作。1877 年《教育法》第 20 条规定："居住在教育区的每一个人，不论男女，已经年满 21 岁，且没有如下一节所述被取消资格的情节，均有资格成为学校董事会成员。"

在第一年，一名妇女当选塞尔温地区学校董事会主席，其他人则在她的领导之下。这是一场大型运动的一部分，该运动将女性从家庭的"私人"领域转移到了公民生活的"公共"领域。

第二节　1914 年《教育法》

一、1914 年《教育法》的制定背景

（一）义务教育条件落后

乡村学校通常只有一两个教室，一两个教师。在 19 世纪和 20 世纪初，大多数学生 12 岁时就离开了学校，只有一些学生就读于地区高中。富裕家庭的孩子们在城镇高中上学，这些学校通常能够提供更好的教育。

在农村地区，只有少数地区的高中提供中学教育。这些学校有一个小的中学部门，同时提供小学教育。中学教育是要付费的，所以它对大多数人来说是遥不可及的。1903 年，地区中学提供一些免费名额给那些在八年级（高小毕业）结束时通过熟练程度考试的学生，大多数儿童虽然达到了这个水平，但仍然离开了学校，这时他们大约 12 岁。因为在陷入困境的大家庭

中，尽快贡献收入或劳动力是很重要的。

在20世纪初，许多人认为城镇的孩子比乡村的孩子得到了更好的教育。因此，新西兰进行了一些改革，开始为乡村学校教师开展暑期培训。1905年的法规要求每所教师培训学院都将学生安排到乡村学校，建立更多的地区高中；从1900年到1904年，地区高中的数量从13个增加到了52个。

孩子们经常走路或骑马上学。但是在冬季，当道路被洪水淹没或泥泞时，他们会因不能上学而经常错过课程。此时，孩子们便只能待在家里帮忙挤牛奶、晒干草和做其他事情。

(二)中学教育资源不足

进入20世纪的新西兰教育系统还是一个只提供基础教育的基本系统。政府虽然在基础教育质量方面取得了显著的进步，但是工人阶级的孩子鲜有机会在小学阶段以后继续接受教育。

督察长霍格本（Hogben）坚持不懈地推动建立一个全国性的中学体系。这些中学基本上遵循了英国公立（私立）学校和文法学校的正规、学术方法和课程设置，专为学业有成的孩子开设，甚至连农村地区新建的高中也普遍遵循英国的模式。许多新西兰人仍然认为中等教育对大多数青少年来说是一种昂贵的奢侈品。学费和普通能力考试（Schools fees and the General Proficiency Examination，GPE）是一种要求很高的入学考试，类似于英国的"十一加考试"（the British Eleven Plus Examination），只允许中产阶级和富裕家庭的学生参加。

(三)教育体系不够完善

20世纪初，一些乡村学校开始开设成人夜校，在20世纪20、30年代，夜校变得更受欢迎。农村成人教育方案在教育学家詹姆斯·雪莱的指导下，在坎特伯雷工人教育协会和乡村教育协会的支持下，在坎特伯雷开始实施。

在 19 世纪末 20 世纪初的自由主义政府时期，各种团体都在推动完善国家的小学体系，建立国家的中学体系。在此期间，能源部大大扩展和改进了基本系统。虽然大多数大城市的中学都是由一群受托人开办的，但在这时没有集中的中等教育体系。这一时期的关键人物之一是霍格本，他从 1899 年至 1915 年担任教育督察。他是一位积极进取的国家体制扩张发言人，他帮助建立了一个进步的、现代的课程和考试制度。霍格本帮助国家系统获得了以前缺乏的全国性的关注和目标。他帮助提高了新西兰教师的能力（其中很少有教师具有专业资格），并提高了工资。他还扩大了技术教育。

从 1900 年左右开始，为学生将来的工作进行教育的想法开始流行，一些人认为农村的孩子应该为从事农业工作做好准备。20 世纪初，新西兰通过引进技术高中，试图满足劳动力培训的需求。它们提供了实用的、以职业为导向的培训。然而，它们并不成功。传统中学被家长视为提供了进入高地位职业和更好生活的途径，技术学校被认为是为能力较低的人服务的。[1]

二、1914 年《教育法》的主要内容

1914 年《教育法》是新西兰历史上第二部重要的教育法典，它是在 1877 年《教育法》实施了 37 年之后制定的。1877 年《教育法》制定得较早，其内容相对比较简单。随着社会的发展和变化，1877 年《教育法》逐渐显露出了一些缺陷和不足，无法适应时代的进步和需要，因此需要制定一部新的法典以促进

---

[1] Howard Lee and Tom Brooking, "A Cautionary Tale: Rural Education in New Zealand, 1900-1940", R. C. Petersen and G. W. Rodwell (eds.), *Rural Education in Australia and New Zealand*, Casuarina, Australia: William Michael Press, 1993, pp. 51~74.

第一章　新西兰教育法律制度的发展演变

新西兰教育事业的发展。

该法共分为12大部分，164个条文，规定了很多重要的教育制度。这12大部分分别是：第一部分"教育部门"（第3~7条）；第二部分"总理事会"（第8~12条）；第三部分"教育委员会"（第13~39条）；第四部分"学校董事会"（第40~53条）；第五部分"公立学校"（第54~70条）；第六部分"公立学校的老师"（第71~85条）；第七部分"中等教育"（第86~108条）；第八部分"技术教育"（第109~126条）；第九部分"特殊学校"（第127~130条）；第十部分"对学校的视察"（第131~136条）；第十一部分"教师法团及上诉法院"（第137~156条）；第十二部分"总则"（第157~164条）。该法与1877年《教育法》相比，开创了一系列新的教育制度：

（一）设立教育总理事会和地区咨询委员会

1. 教育总理事会（Council of Education）

该法第8条规定，教育总理事会由17名成员组成。成员包括：①教育署署长，他将担任主席；②助理教育主任，在主任缺席的情况下担任主席；③教育部的另一名官员，他应是一名检查员，由部长负责；④2名由北岛教育委员会成员选出的成员，以及2名由南岛教育委员会成员选出的成员；⑤由北岛公立学校的认证男教师选出的1名成员，以及由南岛公立学校的认证男教师选出的1名成员；⑥由中学和技术学校的男教师选出的1名成员；⑦1名成员由北岛公立学校的认证女教师选举产生，1名成员由南岛公立学校的认证女教师选举产生；⑧由中等和技术学校的女教师选出的1名成员；⑨新西兰大学的1名成员，由参议院任命；⑩由部长任命的3名成员，即代表工业和技术利益的2名成员（其中1名代表农业），1名（妇女）代表女童教育的利益。

该法第 10 条规定，教育总理事会主要通过开会的方式履行职责，教育总理事会应于每年 6 月举行会议，其他时间由部长指示。会议期间，教育总理事会有责任向部长报告以下事项：①关于新西兰认为有必要引进的国民教育方法或发展；②就有关在新西兰或新西兰任何地区提供教育设施的事宜，以及就管制教育的各机构的工作进行协调；③关于部长所提与教育有关的任何其他事项。

2. 地区咨询委员会（District Advisory Committees）

该法第 11 条规定，教育部长可以在任何时候，在其认为合适的时间内，组成一个地区咨询委员会，就他可能提及的与该地区教育有关的问题提出报告。地区咨询委员会由 5 名或以上委员组成。成员如下：①教育主任或部长为此目的任命的任何其他教育部门官员应担任主席；②区教育局委任的成员；③本区高级督察；④教育总理事会的 1 名成员，由教育部长任命，代表该地区所在岛屿公立学校的教师；⑤教育部长任命的 1 名或多名其他人士，即城市学区的代表、中学和技术学校教师或学校董事会的代表、大学学院的代表或任何其他人士。

（二）完善公立学校教师制度

教师作为教育实践活动的主体，承担着教书育人的重要任务。韩愈说："师者，所以传道、授业、解惑也。"在教育过程中，教师是起主导作用的，是学生们身心发展的教育者、领导者、组织者。教师工作质量的好坏关系到年轻一代身心发展的水平和民族素质提高的程度，从而影响到国家的兴衰。[1] 1914 年《教育法》规定的公立学校教师制度，主要包括教师聘任、调动和工资三个方面的内容。

---

[1] 参见《教师百科辞典》编委会编：《教师百科辞典》，社会科学文献出版社 1987 年版。

第一章 新西兰教育法律制度的发展演变

1. 教师聘任

教师聘任制,是在符合国家法律制度的情况下,聘任双方在平等自愿的前提下,由学校或者教育行政部门根据教育教学岗位设置,聘请有教师资质或教学经验的人担任相应教师职务的一项教师任用制度。1914年《教育法》规定了教师聘任的相关内容,包括聘任、解聘和调动三个方面。

关于教师的聘任,法律规定聘任教师应该具有一定的条件,即只有拥有教师资格证或者规章规定的其他适任证书的人员才具有任职资格。但是,如果没有取得持证教师或者教师资格证的人员,则可以暂时任用具有其他最佳资格的人员,直至取得持证教师或者教师资格证为止。

2. 教师调动

教师的调动分为两种:一是自愿的调动,即任何教师在收到高于自己当前工资的位置邀请,或已经失去了他的位置时,可以向学校董事会申请转职;二是被动的调动,即学校董事会认为学校的有效运作需要这种转任。另外,教育委员会也可以提议将教师从一个职位调到另一个职位(无论是否在同一学校),学校董事会须以书面形式,向该教师发出不少于21天的通知,表示同意调任该教师。如果教师不同意调动,可以书面方式向教育委员会秘书提出并应说明其反对理由。如果教育委员会没有改变调动的决定,教师则可向法院上诉。法院在审理上诉时,可根据案件的全部情况,酌情决定是否确认转移或命令上诉人复职。

3. 教师工资

教师工资是教师劳动报酬和工作价值的体现,也是维持和提高教师生活水平,调动教师工作积极性的重要方法,因此制定科学的工资分配制度极其重要。1914年《教育法》对于教师的工资作了基本的规定，主要包括工资的等级、增加、住房津贴、病假假期工资的支付以及不得领取工资的情况。

1914年《教育法》以表格的形式规定了教师的工资标准（见表1-1），其中规定了班主任（head teachers）和助理教师（assistants）的工资级别、最低工资、最高工资以及每年增长的数额。依照该表支付工资，非常清晰明确，一般不会出现纠纷，这也充分体现了新西兰法律的特征，即具体明确。

表1-1　1914年《教育法》规定的教师工资标准

第一部分：班主任教师薪水级别

级别	最低工资/英镑	最高工资/英镑	年增长额/英镑
Ⅰ	110	140	10
Ⅱ	140	190	10
Ⅲ	200	250	10
Ⅳ	260	310	10
Ⅴ	320	360	10
Ⅵ	370	400	10
Ⅶ	410	440	10

第二部分：助理教师薪水级别

级别	最低工资/英镑	最高工资/英镑	年增长额/英镑
1	110	120	10
2	120	140	10
3	150	180	10
4	190	220	10
5	230	250	10
6	260	280	10
7	290	310	10

教师调动工作时的薪金（即新职位的薪酬）应按下列方式确定：①如在原职位所领取的最终薪金款额少于其新职位所附

第一章 新西兰教育法律制度的发展演变

薪级的最低薪金款额,则在新职位所领取的最低薪金款额,须作为其在新职位的起始薪金,其后须按本条例第 5 款所规定的方式,每年递增。②在以前的职位上获得的最后薪金数额大于新职位所附的薪金等级的最高薪金数额,以在新职位上获得的最高薪金数额作为薪金。

减级教师工资和津贴,应继续与没有减级时相同,只要其仍在该学校担任相同职务。如果由于某一学校的年级发生变化,有必要将一名教师调往另一所学校,则应按照规定的方式和范围向该教师支付合理的搬迁费用。在公立学校担任教师职务期间,临时聘任的教师,或者代课教师、临时代课教师,其工资不得低于其在长期聘任时的工资。

根据 1914 年《教育法》的规定,经部长批准,学校董事会可给予任何教师不超过 1 年的假期,以使他能够访问新西兰或其他地方的学校或其他教育机构,假期的工资应该照常支付。

此外,如果教师擅自放弃其聘任而未向教育委员会主席以及其所任职的学校董事会秘书至少 1 个月之前发出书面通知,或者因不道德行为或严重不当行为而被学校董事会或教育委员会中止教学或强制解雇,那么该教师在被解聘后的任何期间均无权领取任何工资。[1]

4. 住房补贴

住房补贴是国家为职工解决住房问题而给予的补贴资助。由于新西兰教师的住房比较紧张,因此政府会给教师发放一定的津贴以解决住房问题。但是,并非每个教师都有住房补贴,只有班主任教师(head teachers)或单身教师(sole teachers)才有。住房补贴的级别和数额,见表1-2。

---

[1] 1914 年《教育法》第 82 条。

表 1-2　班主任教师或单身教师住房补贴

在校级别	英镑每年
Ⅰ，Ⅱ	20
Ⅲ	30
Ⅳ	40
Ⅴ，Ⅵ，Ⅶ	50

如果学校提供了住房，则没有住房补贴。而且对于提供给教师的住房，未经学校董事会明示批准，不得将住房租给或由班主任以外的任何人占用。

(三) 规范中学教育

中学教育在整个学校教育体系中处于小学教育与大学教育的中间阶段，是一段承上启下的教育。中学教育的对象是年龄在 11 岁至 18 岁的青少年，他们正处在生理、心理迅速发展和突变的转折时期，正处于急剧获取知识和增长才干，以及世界观、人生观、价值观初步形成的阶段。而且，很多孩子中学毕业后就会走向社会，参加工作。中学教育能够为现代生产者提供必须具备的知识和能力，这也是现代文明和社会生活所必需的，因此，中学教育在整个教育体系中具有极其重要的作用。本部分内容涉及中等学校的设立和解散、助学金和奖学金等。

(1) 关于学校的设立。首先，是设立学校的决定权属于部长，部长可在与教育总理事会协商后，根据教育总理事会的意见在该地区或任何地区设立一所中学、一所地区高中或一所技术高中，但是部长必须考虑到在任何地区或任何教育区提供中学或技术教育的规定。其次，任何学区的教育委员会或城市学区的委员会，经与学校董事会协商后，可向部长申请在该学区或其任何地点设立一所中学、一所学区高中或一所技术高中，部长应在下次有机会时将该申请提交教育总理事会征求其意见。

最后，法律规定了设立学校的限制性条件，即在下列情形下不得设立学校：①就一所中学而言，不少于 60 名学生已根据公立学校教学大纲的规定取得熟练程度证书，其父母已书面表示有意将他们编入该中学；②就一个地区高中而言，符合规定及入学条件的学生不得少于 20 人，其家长已书面表示有意入读该地区中学；③就技术高中而言，符合入学条件的学生不得少于 40 人，其家长已书面表示有意让他们入学。

（2）关于学校的解散。一般而言，如果其中不到 40 名学生持有熟练程度证书，则可根据本协议第一小节解除中学或技术高中的学业，如果其中有较少的地区，则可以解散地区中学 12 名持有熟练证书的学生。无论如何，如果部长考虑到另一所中学、地区高中或技术高中已经在同一地区提供了足够的手段，其可以根据教育总理事会的建议解散任何此类学校。如果任何中学、地区高中或技术高中根据本法解散，或由于任何其他原因不再维持或继续，教育部长可根据教育总理事会的建议，直接将其财产和收入全部或部分用于维持当地的另一所中学、地区高中或技术高中，并应按照规定的方式保管该财产和收入。

（2）中学奖学金是为了鼓励学生进入中学学习而设立的。因为 1914 年《教育法》制定时，新西兰的中学还不是免费的义务教育。为了鼓励品学兼优的学生在小学毕业后进入中学学习，国家以奖学金的形式实现这个目的。

奖学金分为两种，即"初级国家奖学金"和"高级国家奖学金"。对于奖学金，首先是获得奖学金的条件：一是符合资格允许修习中学课程；二是满足年龄和居住条件。初级奖学金应向所有在每年 12 月 1 日起未满 14 岁，在新西兰居住满 12 个月，在该地区的公立学校或其他注册学校接受正规教育满 6 个月或以上,已按规定提供他们适合上中学课程的证据的人开放;高级奖学金应向所有在每年 12 月 1 日未满 16 岁,在之前的 12 个月内在新西兰居住,并按照新西兰当地中学、地区高中、技术高中或其他注册中学的规定接受中等教育,并证明适合继续学习中等课程的人开放。其次,奖学金应该向区教育委员会秘书提出申请,并向区教育委员会秘书提供六年级学校校长的证明,证明他有资格获得并有资格持有该奖学金。

(四) 发展技术教育

技术教育是指培养技术员类人才的职业准备教育。初期处于中等教育后期和高等教育初级阶段水平。主要教授应用于设计、施工、检验或生产活动之中的科学及工程原理和法则。[1] 从 1900 年左右开始,为学生将来的工作进行教育的想法开始流行,一些人认为农村的孩子应该为从事农业工作做好准备,因此产生了对于技术人才的需求。20 世纪初,新西兰通过引进技术高中,开始提供实用的、以职业为导向的培训。

技术教育的内容首先是技术教育的形式:一种是设立技术学校,另一种是在中学或大学设立技术教育班级;其次,部长可随时撤销对任何技术学校或任何班级的认可,如果其对该学校或班级的运作方式不满意,或者其认为在同一地点或合理邻近的另一所类似的认可学校或班级作出了充分的规定。[2]

(五) 支持特殊学校

特殊学校系指由部长专门基于对聋哑、失明、弱智、癫痫或其他身体或智力有缺陷的儿童的维持、教育或培训而设立的学校。

该法第 127 条规定了特殊学校的相关内容:

---

[1] 参见顾明远主编:《教育大辞典》,上海教育出版社 1998 年版。
[2] 1914 年《教育法》第 112 条。

……

（2）任何失明、失聪、弱智或癫痫病儿童的父母均有责任为该儿童提供有效和适当的教育。

（3）如果该儿童的父母未能为该儿童提供该等教育，或部长认为该儿童无法接受该等教育，部长可指示将该儿童送往他认为合适的特殊学校或其他机构，为盲人、聋哑人、弱智儿童或癫痫儿童提供教育；上述父母应按照其与部长可能达成的协议，分担子女的抚养和教育费用。

但是，如果所达成的协议规定的支付费率不能完全支付该儿童在该特殊学校或机构的抚养和教育费用，部长可与本条所指的任何家长之间达成另一项或几项协议，以支付未支付的该儿童在该学校或机构的抚养和教育费用。

（4）如果没有达成协议，而且孩子的父母没有遵守部长关于把孩子送到这样的特殊学校或机构的指示，或者任何同意支付的款项被拖欠了1个月，裁判官可以代表该人提出申请，下令让孩子进入其认为合适的这样的特殊学校或机构，并可以根据1910年《贫困者法》的规定作进一步的命令，指示根据该法案负有责任的任何人向该特殊学校或机构支付儿童的抚养费和教育费，或此后由部长指示将该儿童送往的任何其他特殊学校或机构的抚养费和教育费，该法案的规定应相应适用于该命令或其他命令。

……

（6）儿童被送进特殊学校或者机构的，该学校或者机构的校长有权单独监护和管理。

……

（8）凡已被一所特殊学校或机构录取的儿童，均可在部长的指示下转到任何其他学校或其他机构。

(10) 父母证明无力支付子女在该特别学校或其他机构的暂时生活费的，不足部分，每周不超过8先令，应由该子女所在地区的医院和慈善援助委员会在作出该特别学校或机构的入学令之前支付；如果上述任何维持费未由学校董事会支付，教育总监或其他经教育部长授权的人士，无论是在一般情况下还是在任何特定情况下，均可代表王室以个人名义向学校董事会追讨欠王室的债务，财政部长可从当年或以后向学校董事会支付的任何补贴中扣除该债务金额。任何学校董事会向该等款项的表决权金支付为收回该等款项而授予该等款项的表决权金，应随之授予该等款项的表决权金，并可由学校董事会以其名义或代表其行使。

(11) 如果在特殊学校的盲人、聋哑人、弱智儿童或癫痫病儿童的全部抚养费、教育费和培训费没有支付，而该儿童在任何时候有权或将有权获得新西兰的任何不动产、个人财产或任何利益，不论这些财产是属于该儿童还是其代表的任何受托人的，或以其他方式，无论如何，在这种情况下，不论是否已订立协议或命令，以供该名儿童在该特别学校就读；不论根据该协议或命令（如已订立）须缴付的款项是否已妥为缴付，1908年《工业学校法》第38条的规定均须比照适用。

但是，如果推迟支付一名儿童在一所特殊学校或其他机构的抚养费，公共受托人可按每周不超过21先令的费率支付。

(12) 部长可以提供其认为适当的手段，以使其确信，对每一个盲人、聋哑人、弱智儿童或癫痫儿童的教育和培训都是有效和适当的教育。

(13) 如部长认为该儿童因疾病、虚弱或任何其他原因不适合接受该等教育，则可免除该儿童的父母为该儿童提供教育的义务；部长认为，儿童已达到一种教育标准，因此没有必要继续进行这种教育；这样的孩子在某些艺术、手工艺或职业上已经足够熟练，能够靠自己的劳动养活自己。

（六）完善了学校检查制度

为了保证国家教育制度的实施，1914年《教育法》专门规定了学校检查制度（Inspection of Schools）。该法规定的学校检查包括医学检查和体育检查。

（1）学校检查的一般规定。该法规定了检查的范围是公立学校、中等学校、技工学校、捐建学校、注册学校、特殊学校、工业学校。检查应在可能预先规定的时间和方式进行。常驻区高级督学有责任同其他督学一道，根据具体情况视察该地区的公立学校和其他注册小学，并就此向学校董事会和教育部长提出报告，向教师提供协助和指导，以提高学校的工作效率，就学校、教师及不时发生的其他教育事宜，向学校董事会提供意见。

（2）关于医学检查。首先，法律规定，医学检查人员包括院务主任、首席医疗顾问及其他中层督察，还有注册学校的监察员或教师；其次，关于医学检查的时间和地点，法律规定，学校的中级督察可在任何合理的时间进入或进入任何公共宿舍；最后，检查的目的是发现儿童是否患有疾病或身体缺陷，教育督察须检查校舍及场地的破坏情况，以及任何其他影响儿童健康的事宜。

（3）关于体育检查。首先，检查人员为视察员和体育教师；其次，检查的时间是体育主任与学校董事会商定的方便时间；最后，检查有主动和被动两种。对于已注册的私立小学，教师或管理人员可向教育署署长申请视察该学校的体育情况，教育署署长可安排视察，视察的方式须与视察公立学校的体育情况相同。

(七) 教师法团及上诉法庭制度（Teachers Incorporation and Court of Appeal）

为了切实维护教师的合法权益，增强教师自我保护的力量，新西兰1914年《教育法》允许教师通过一定的程序组成一定的社团，即教师法团。该法第138条和第139条规定了教师法团的内容：首先是教师法团的成立，必须有不少于10人的教师提交申请，缴付1英镑的费用并依法进行登记；注册主任须将该社团登记于备存的簿册内，书记官长应以规定的格式向该社团颁发一份公司证书，该证书应证明该社团已依该法正式成立。

教师上诉制度的内容较多，包括上诉的法庭、审判人员的组成、审判程序以及裁判的标准等。该项制度为新西兰处理教师在遇到解雇、暂停和转任时的争议提供了法律依据。关于教师上诉制度。首先，设立教师上诉法院的目的是处理教师针对解雇、暂停和调动的争议；其次，教师上诉的期限是收到通知后的42日内；再次，上诉法庭由三个法官组成；最后，法庭的裁决是终局的，对双方均有约束力。

三、1914年《教育法》的立法意义

(一) 开创了一系列新的教育制度

1914年《教育法》规定了技术教育、特殊学校、教师法团与上诉法庭制度。根据技术教育的规定，新西兰建立了技术学校，专门培养社会需要的技术人才，从而促进了生产力的发展，增强了经济竞争力，提高了人民的收入；特殊学校是专门为残疾人群开设的学校，使得残疾人也能够进入学校接受教育，从而学到一定的知识和文化，具备自己生活的能力，减轻社会的负担；教师法团是以教师作为成员成立的社会组织，其主要目的是维护教师这个群体的合法权益；上诉法庭则是专门为了解

决教师与管理部门之间的争议而设立的,对于争议的及时和合理解决发挥了重要的作用。

(二)完善了 1877 年《教育法》规定的制度

管理体制方面,一是增加了一个教育总理事会(Council of Education)和一个地区咨询委员会(District Advisory Committees)。总理事会由 17 名成员组成,具有广泛的代表性,通过召开会议向部长报告有关事项,有利于部长全面了解教育的实际情况。地区咨询委员会由 5 名或以上委员组成,主要职责是向部长就地区教育提出的问题进行报告;二是完善了公立学校教师制度,1914 年《教育法》规定了教师聘任的相关内容,包括聘任、解聘和调动三个方面;三是规定了中学教育,涉及中等学校的设立和废除、助学金和奖学金等;四是完善了学校检查制度,包括医学检查和体育检查,有利于保障学生的身体健康和学校的安全。

第三节 1964 年《教育法》

一、1964 年《教育法》的制定背景

(一)第二次世界大战后对美国教育的关注

在第二次世界大战中,新西兰再次追随英国对德国宣战(1939 年),教师们被允许缺勤服兵役。澳大利亚-新西兰陆军军团(ANZAC,简称"澳新军团")再次在战争中发挥了重要作用。澳新军团在北非战役中是英军的重要组成部分。新西兰各地的学校都为士兵们准备包裹。当日本轰炸珍珠港和德克拉德战争(1941 年)时,澳新军团在北非的部署引发了一场重大危机。澳大利亚和新西兰的大部分军队都驻扎在新西兰,两国都发现自己实际上是在自卫。英国人把这两块领土都作为了自

己的领土，认为新加坡的堡垒会阻止日本人的进攻。新加坡的陷落使这两个国家都受到了日本的攻击（1942年2月）。只有美国海军在珊瑚海的胜利击退了日本（1942年3月）。美国军队涌入澳大利亚和新西兰，准备进攻日本占领的岛屿。1942年10月，英国在阿勒曼击败了非洲军团。新西兰分部的3名准将中有2名是基督教堂男子高中的老男孩。"Opperation Torch"（1942年11月）为击败突尼斯轴心国（1943年5月）奠定了基础，这使得澳新军团可以在国内重新部署。对于大多数新西兰人来说，战争使他们第一次接触到美国人。战争的经历改变了新西兰对英国的看法，新西兰不再把英国看作是一个日益重要的外国，不再把自己看作是与英国有关系的许多国家之一。这反映在许多领域，包括教育。战后，新西兰的教育工作者开始关注美国的教育项目。

（二）农村学校条件改善不力

1927年，新西兰共有2601所小学，这个数字在此之前或之后都从未达到过。其中，81%的小学只有一两位教师。这些以农村为主的小学为大约30%的小学生提供服务。

1947年，农村小学的数量仍然很多，但入学儿童的比例直线下降。那一年，新西兰1900所小学中有65%的学校有1名或2名教师，但他们只接纳了16%的小学适龄儿童。但是，由于改革，这些孩子接受了比以前更好的教育。

许多乡村学校的老师不得不每天花费大量精力往返于学校与住所，一些人寄宿在当地家庭，少数幸运儿住在学校旁边的老师家里。20世纪40年代和50年代的住房短缺依然使得许多小学校的房子成了已婚教师的奖金。

1938年以前，教师通过从低级别学校升迁到高级别学校而获得晋升。一所学校的年级是根据它的学生人数而定的，因此较小的乡村学校往往只能吸引新进教师，他们一旦获得经验就会转到城镇学校。

到 19 世纪 60 年代，城市和农村小学的课程设置相同。农村教师在一间教室里可以熟练地教授不同年龄和层次的课程，他们的技术吸引了海外学校的关注。班级是非正式的，所有的孩子都会参加一些活动。有时，有些人受到老师的注意，而另一些人则默默地练习写作或阅读。

（三）教育质量水平不高

有些农村孩子住得离学校太远。自 1922 年以来，函授学校一直通过邮寄、广播和网络为偏远地区的孩子们提供课程。

1922 年，惠灵顿成立了函授学校，为仍然无法接触学校的儿童提供远程教育。最初接受远程教育的是 167 名小学学龄儿童（其中许多人是文盲）和一名教师——珍妮特·麦肯齐（Janet Mackenzie）。母亲们被邀请监督他们孩子的学业。1927 年，学校又多了几位教师，720 名学生。1928 年，该校第一次开设中学课程。

1931 年，新西兰创设了针对学校的无线电广播，起初主要针对农村学校的学生，但很快就被许多小学和后来的中学生所收听，一直持续到 1987 年。1937 年到 1997 年间，函授学校也进行了广播。

1924 年，学校开始提供校车服务，把偏远地区的孩子送到集中的乡村学校。这意味着许多处于人烟稀少地区的地方学校走向终结，但这也给了与世隔绝的孩子们第一次上学的机会。而且，老师驾驶校车成了一种制度。在往返学校的漫长旅途中，孩子们唱着歌，开着玩笑，偷偷地吃着食品。

在 20 世纪 80 年代体罚被废除之前，老师们可以用皮带或藤条来维持教室秩序。很长一段时间以来，孩子们会因为犯错误而被"开除"。一位前乡村学校的学生回忆说:"上学迟到、不做作业、拼写错误、上课讲话,这些原因似乎无穷无尽。"

为了提高效率,政府决定关闭一些学校,并把学生从更广泛的地区带到中央、设备更好、"综合"的学校。第一所是皮奥区学校,1924年在国王郡开办,20世纪20、30年代又开办了更多。

从1938年开始,小学教师的工资不能超过一定的工资水平,直到他们在乡村学校任职3年。此外,在教师加薪方面,服务年限比学校规模更受重视。这吸引了更多有经验的教师到乡村学校任教。

1942年,国家图书馆设立了农村儿童服务处,成为学校图书馆服务处。函授学校的声誉和学生人数都有所提高。1955年,一部介绍其工作的电影《给老师的一封信》获得了柏林电影节的提名。

1937年水平考试取消后,1944年离校年龄提高到15岁,更多的孩子上了中学。从1944年开始,作为后大萧条时期工党政府"从摇篮到坟墓"社会改革的一部分,中学教育是免费的,并且在15岁之前是强制性的。[1]

地区高中因教学、设施和学科范围不佳而受到批评。1949年,已经适用于小学教师的"国家服务"要求被引入中学教师,以解决教学问题。但事实证明这不受欢迎,老年教师也获得了豁免。

---

[1] Michael King, "Between Two Worlds", Geoffrey Rice (ed.), *The Oxford History of New Zealand*, Oxford: Oxford University Press, 1992, p. 289; Tom Brooking, *The History of New Zealand*, Westport, Connecticut: Greenwood Press, 2004, p. 122.

二、1964 年《教育法》的主要内容

（一）与 1914 年《教育法》相比结构变化不大

1914 年《教育法》共分为 12 大部分，164 个条文，规定了很多重要的教育制度。例如，教育部、教育委员会、学校董事会、公立学校、技术教育、特殊学校、对学校的视察、教师法团及上诉法院等。

1964 年《教育法》共有 8 大部分，分别为第一部分（第 3~9 条）：中央教育管理部门，即教育部。规定了教育部、教育部长、部长权力的委托、教育总干事以及行政费用由议会拨款等内容。

第二部分（第 10~69 条）：地方教育管理部门。规定了教育区、教育董事会、董事会的账目、学校董事会以及技术学院的管理机构。

第三部分（第 70~107 条）：学校的设立。规定了学前教育、小学教育、中学教育、综合学校、继续教育——技术和继续、特殊教育、毛利学校、查塔姆群岛学校、函授学校以及师范院校。

第四部分（第 108~130 条）：学生的入学和出勤。规定了学生的登记与出勤的要求。

第五部分（第 131~165 条）：教师的任命和聘用。规定了教师登记、初级委任委员会的组成、小学教师的委任、小学教师任命上诉委员会、中学教师和技术学院教师的委任以及教师任命和雇佣的一般规定。

第六部分（第 166~182 条）：教师法团和上诉法院。规定了教师法团的成立和教师的上诉。

第七部分（第 183~186 条）：学校检查。规定了学校检查、

技术学院的检查、学校开放接受检查以及私立学校的注册和检查。

第八部分（第 187~204 条）：一般规定。规定了免税、注册私立学校的资助、紧急情况下学校的临时或永久关闭、毕业证书以及年度报告等。

（二）在 1914 年《教育法》的基础上内容更加完善

与 1914 年《教育法》相比，1964 年《教育法》具有以下变化：

第一，增加了条款的数量，1914 年《教育法》共有 164 条，而 1964 年《教育法》共有 204 条，增加了 40 条。

第二，增加的条款，有些内容是对以前法律的发展，有些内容是新增的。1964 年《教育法》，主要新增了以下内容：设置了教育总干事一职，担任教育部的行政主管；增加了综合学校、继续教育部分，包括技术和继续、特殊教育，毛利学校，查塔姆群岛学校，函授学校以及师范院校制度；增加了学生的入学和出勤制度，要求每名儿童都必须到学校注册并参加学校的教学活动，学校必须做好出勤登记；规定了教师登记、初级委任委员会的组成、小学教师的委任、小学教师任命上诉委员会、中学教师和技术学院教师的委任以及教师任命和雇佣的一般规定；专门规定了私立学校的注册和检查。

第三，法典的结构发生了变化，1914 年《教育法》分为 12 大部分，而 1964 年《教育法》分为 8 大部分，对于前法的有些内容进行了合并。例如，对于学校的规定，1914 年《教育法》采取分别规定的方式，即第五部分"公立学校"（第 54~70 条），第六部分"公立学校的老师"（第 71~85 条），第七部分"中等教育"（第 86~108 条），第八部分"技术教育"（第 109~126 条），第九部分"特殊学校"（第 127~130 条）；而 1964 年

《教育法》则将其合并为一部分,即第三部分(第70~107条)"学校的设立"。规定了学前教育、小学教育、中学教育、综合学校、继续教育——技术和继续、特殊教育,毛利学校,查塔姆群岛学校,函授学校以及师范院校。有些内容则规定为独立的一部分,例如第四部分(第108~130条)"学生的入学和出勤",第五部分(第131~165条)"教师的任命和聘用"。这些在旧法中都是被包含在某一部分中的,没有成为一个独立的部分。

三、1964年《教育法》的立法意义

(一)为新西兰进一步的教育改革和发展奠定了基础

自1964年开始,许多法规和修正案得到延展、扩充或修订,但是原有的立法并没有发生根本性的变化。由于其具有一致性、综合性和可行性,1964年《教育法》达到了其预期目标,也为新西兰进一步的教育改革和发展奠定了基础。

(二)为新西兰教育建立了一套标准化的控制和管理制度

为了进一步规范教育制度,新西兰颁布了1964年《教育法》。1964年《教育法》为新西兰教育建立了一套标准化的控制和管理制度,它为所有6岁至15岁的儿童提供免费义务教育,但儿童可以从5岁开始上学。它设立了10个教育委员会来监督全国各地的小学。学校董事会继续负责中学事务。1964年《教育法》更新并扩大了1914年《教育法》的调整范围。它设立了小学教师任用上诉委员会,它是为由管理委员会控制的技术学院(主要由技术高中开发)设立的。高等教育的扩大导致了社区学院的建立,这些学院基本上是提供更广泛课程的技术学院。

(三)在加强原有条款的基础上开创了一些新的条例

该法加强了原有条款的功能,也包含了一些新的条例。如在新西兰的教育立法中第一次规定给学前教育机构提供财政资

助;对农村中等教育的改进作了规划,授权教育大臣在农村的中心地区建立"综合学校",学校一般采用"Ⅰ~Ⅵ年级"制(Form Ⅰ~Ⅵ);把技术学校作为第三类学校而不是中等学校机构,但仍根据中学条例运作。

该法中所谓的"纪律条款",规定教师如行为不当应当受到与其他公职人员同样的处罚。新西兰教育学会和初等教育后教师协会这两个国家教师协会对此提出了反对意见,并得到了他们的拥护者的响应,他们声称这些条例是不必要的、没有效率的和非专业性的。对于修正的条款,教师继续予以反对,初等教育后教师协会提出特别要求,坚持要对条例进行修改。在1969年,经过长时间的协商之后,初等教育后教师协会终于通过了被协会的秘书长称之为"新政"的《中学和技术学校教师条例》。

第四节 1989年《教育法》

一、1989年《教育法》的制定背景

(一)教育条件亟待提高

1966年,许多地区高中被分成小学和中学,涵盖一年级至六年级(7岁至12岁)。一些较小的学生成为区域学校,覆盖了五年级(11岁)的新生。但是,尽管农村中等教育水平有所提高,许多孩子仍然在城镇学校寄宿。

从20世纪70年代开始,学前教育和继续教育服务增长。1976年,学龄前儿童首次在函授学校就读。20世纪70年代末推出了移动幼儿园车。

1979年,REAP(农村教育活动计划)为农村人口提供了进一步的教育,包括从学前班到成人学习者,其是在人口不足

第一章　新西兰教育法律制度的发展演变

20 000人的大区设立的。

1989年，离校年龄从15岁提高到16岁。[1]

（二）公共教育改革倍受关注

新西兰的国民收入在20世纪70年代曾排名世界第三，但在此后却停滞不前，至1984年，新西兰的失业率从70年代初的几近为零攀升到5.4%，人均收入世界排名下滑到第21名。改革前，新西兰长期奉行对国民经济的积极干预政策，国民经济的12.5%为政府拥有和运作，政府机构庞大。政府通过公共补贴、高额关税和进口控制保护着国内企业，市场作用受到限制，医疗、住房和高等教育都由国家补贴。经济的衰退使得政府无力负担这些公共支出，国家债务庞大，通货膨胀加剧。

1984年戴维·兰格领导的工党（The Labor Party）上台后，认为高度干涉主义的经济政策已经失败，并开始着手在公共部门和管理部门进行改革。公共选择理论、公共政策、交易成本经济学等理论被引入改革实践。新西兰财政部的一份报告指出：总之，政府干预的结果是减少了自由选择，进而缩减了公民责任范围和减弱了社会具有的自我调控能力，而这一能力是一个自由社会通过个人行为的集合而解决问题的理想方案。它不寻求形式上的共识，只追求自由选择。改革针对当时国民经济的状况实施了一系列激进的解决办法：放松对经济领域的管制、国有企业的私有化和公共管理改革。1986年颁布的《国有企业法案》为政府机构和国有企业的公司化提供了依据；1988年的《国家部门法案》和1989年的《公共财政法案》旨在将私营部门的管理实践引入公共部门："改变了政府的组织结构和公共机构管理的基本规则……政府管理者获得了更大的自主权，同时

---

[1] Nancy Swarbrick, "Primary and Secondary Education", *Te Ara-the Encyclopedia of New Zealand*, 20 June 2012.

也肩负了更多的绩效责任。"[1]

新西兰公共教育系统的改革是其私营和公共部门普遍重构的一部分。在私营和公共领域，当时的主题是缩减规模，减少规制，提高竞争和效率。最初的改革被设计为减少联邦的权力，使国有企业能像私营公司那样运行。随着改革的推进，注意力随后转向了医疗和教育等领域。"一系列官方委员会警告道，教育系统已经变得上层臃肿，行动缓慢，反应迟钝，学校管理者在工作时没有必要受到限制，教育部的过时的结构潜在地破坏着教和学的质量。"[2]

然而，与对旧教育系统之失败的感知相比，新西兰公共教育的改革源于对通过治理改革学校将会运作得更好这一信念的坚持。1987年，首相戴维·兰奇兼任教育部长，着手建立了一系列工作组。其中有三个关于教育的工作组：米德委员会（Meade Commission，有关幼儿教育）、霍克委员会（Hawke Commission，有关中学后教育）和由商界领袖布赖恩·皮科特领导的负责研究教育管理体制的构建策略的皮科特特别工作组（Picot Task-force）。皮科特特别工作组历时9个月，通过广泛调查和听取教育内外部人士的意见，于1988年5月发表了后来证明对新西兰公共教育重建产生深远影响的研究报告——《为卓越而管理：教育的有效管理》（Administering for Excellence：Effective Administration in Education，也称《皮科特报告》）。该报告指出："对现行制度修修补补不足以实现现在所需要的改进……

---

〔1〕［美］戴维·奥斯本、彼德·普拉斯特里克：《摒弃官僚制：政府再造的五项战略》，谭功荣、刘霞译，谭功荣校，中国人民大学出版社2002年版，第85页。

〔2〕David N. Plank, Gary Sykes, "School Choice in New Zealand", *Choosing Choice School Choice in International Perspective*, Teacher College Columbia University, New York and London, p. 48.

我们认为进行彻底变革的时机已经到来，特别是要减少介于中央政策、提供资金和服务与学校或教育机构开办教育之间的决策点的数量。"[1]

作为政府对《皮科特报告》的回应，1988年8月政府发表了题为《明日学校》（Tomorrow's School）的文件，是新西兰教育系统重构的纲领性文件。《明日学校》的核心观点有：[2]

（1）在每个学校建立主要由推选出的家长组成的管理委员会，并赋予这些委员会管理财务、人事和学校政策的权力。

（2）给每个学校都颁发一个特许状——一个关于学校本质与目的的协议——它将由教育部长批准，并规定不断进行评估。

（3）给予家长在选择学校送孩子上学方面以一定的自由。

（4）取消教育部的多项职能，将其名称由"Department of Education"改称为"Ministry of Education"，并将这些职能转交给学校和自治的准政府机构，减少其雇员。

（5）建立一个教育评价办公室（ERO），监督和公开报告学校教育质量。在实质性的改革开始推进之后，工党政府对《明日学校》的改革方案仅进行了局部微调。即使在国家党重新执政后，其于1990发布的教育修正案也仍坚持了《明日学校》的方向，更通过对父母择校、标准和督导的进一步强调使改革得到了深化。

（三）高等教育盲目发展

20世纪80年代以来，在新的执政理念的指导下，新西兰政府提出了一场以"市场为取向"的教育改革，采取一系列改革

---

〔1〕［美］爱德华·B. 菲斯克、海伦·F. 拉德：“学校自治与评估：新西兰的自治学校和问责制”，载《教育展望》2002年第4期。

〔2〕［加］莱文：《教育改革——从启动到成果》，项贤明、洪成文译，教育科学出版社2004年版，第48页。

措施，积极转变政府教育职能，下放管理权限，强化国家对教育的宏观管理，加强教育立法。新西兰高等教育政策（包括成人社区教育政策）存在的问题，主要表现在以下几个方面：其一，政府对高等教育的投入以高校在校学生数为基准。一方面为扩大高等教育机构的规模发挥了积极的作用；另一方面也造成了高等院校只追求学生数量的增加，忽视了教学质量的提高。政府制定的高等教育政策导致高等院校间为争夺生源而发生了激烈的竞争，引发了高等教育的盲目扩张。其二，政府对高等教育（特别是成人社区教育）质量管理目标不明确，管理方式和手段缺乏、僵化。其表现在，政府缺乏对成人教育、社区教育的综合信息反馈，对这部分教育投资的效能没有清晰的了解。正规高等教育、成人和社区高等教育、网络高等教育的法律法规不够健全，缺乏协调统一性，彼此之间容易产生矛盾。其三，生源的大幅度增长造成了高等教育资源面临严重的紧缺，影响高等教育质量的维护与提高。虽然政府在逐年加大对高等教育的投入，但由于学生数量增长过快，许多院校办学经费紧张，教学基础设施无法维护与更新，教学质量得不到保证与提高。[1]

二、1989年《教育法》的主要内容

1984年选出的工党政府改组了公共和社会服务。1989年，《教育法》将教育行政权力下放，一些人认为这变得过于官僚和昂贵。旧的教育部被新的教育部（Ministry of Education）所取代，区域教育委员会被废除，学校董事会被赋予管理自己事务的权力。

---

〔1〕 李墨、蒲海丰："新西兰成人社区教育政策及其启示"，载《教育与职业》2012年第26期。

第一章 新西兰教育法律制度的发展演变

（一）1989年《教育法》结构更加全面和科学

1989年《教育法》共有40个部分：第1部分"小学和中学的教育权利"；第2部分"招生计划以及学生的停学、驱逐和开除"；第3部分"学生的入学和出勤"；第4部分"专门教育服务委员会"；第5部分"幼儿发展委员会"；第6部分"家长倡导委员会"；第7部分"公立学校的控制与管理"；第7A部分"学校干预措施"；第8部分"财政"；第8A部分"教师工资的支付"；第9部分"学校董事会"；第10部分"教师注册"；第10A部分"新西兰教师委员会"；第11部分"余则"；第12部分"学校的建立"；第12A部分"特许学校"；第13部分"有关高等教育的一般规定"；第13A部分"高等教育委员会"；第14部分"高等教育机构的设立和解散"；第15部分"高等教育机构的管理"；第15A部分"关于职业技术学院的特别规定"；第16部分"课程和学生"；第16A部分"高等学校学生协会会员"；第17部分"教育评估办公室"；第18部分"私人培训机构"；第18A部分"国际学生"；第19部分"副校长委员会"；第20部分"新西兰学历资格认证局"；第21部分"教育新西兰"；第22部分"职业新西兰"；第23部分"高等教育研究委员会"；第24部分"其他规定"；第25部分"学生补助和学生贷款管理"；第26部分"幼儿教育及护理"；第27部分"其他服务的承认和资助"；第28部分"教育服务的审查"；第29部分"学习媒体有限公司"；第30部分"全国学生代码"；第31部分"教师注册"；第32部分"教育委员会"……

（二）在1964年《教育法》的基础上增加了九大内容

与1964年《教育法》相比，1989年《教育法》主要增加了下述内容：第1部分"小学和中学的教育权利"。法律规定除去国际学生的每个人都有权在年满5周岁后的任何时候在任何州立学校或特许学校接受免费入学和免费教育，直到受教育者年满 19 周岁的 1 月 1 日结束。[1] 第 7A 部分 "学校干预措施"，提供一系列干预措施，以处理个别学校的运作或其学生的福利或教育表现所面临的风险。第 13 部分 "有关高等教育的一般规定"，例如高等教育战略。第 13A 部分 "高等教育委员会"，规定了委员会的职能。第 18 部分 "私人培训机构"，规定了设立私人培训机构的条件和程序。第 25 部分 "学生补助和学生贷款管理"，帮助困难学生解决经济上的困难。第 28 部分 "教育服务的审查"，确保了教育服务的公正性。第 29 部分 "学习媒体有限公司"，提供支持国家教育准则所需的基本材料和服务。第 32 部分 "教育委员会"，领导教师和指明教育专业的方向，建立和维护教师注册的资格标准。

三、1989 年《教育法》的立法意义

(一) 对教育管理机构进行了重大改革，下放权力给地方官员、教师和家长

新西兰于 1987 年开始对教育行政部门进行重大评估。新西兰教育体系的基本行政结构与 1877 年建立的基本行政结构相比变化不大。一些教育工作者认为，该国的教育体系仍然反映了 19 世纪的价值观，过于集中、过于复杂，需要随着进入 21 世纪而进行现代化改革。政府于 1987 年任命了一个工作队来评估行政结构。强制执行的这项任务建议进行各种改革，主要目的是将权力下放给地方官员、教师和家长。1988 年 8 月，政府发表了一份政策文件，解释了拟议中的改革——《未来的学校——新西兰的教育管理改革》。政府根据工作队的调查结果，于 1989

---

[1] 1989 年《教育法》第 3 条。

年10月进行了重大改组。1989年《教育法》产生了许多类似变化。关键的改变是使个别学校成为新西兰教育制度的基本行政单位。

（二）设立了多个独立的教育机构，管理上更加专业化

1989年制定《教育法》时，将旧教育部（Department of Education）的诸多权力分了出去，成立了一些独立运作的管理机构，包括教育评估办公室、新西兰资格认定局、高等教育委员会、大学校长委员会、新西兰教育国际推广局以及新西兰教师委员会等。这些机构在各自的范围内负责相对具体的教育事务，由于管理的事务少了，因此经过一段时间之后便积累了丰富的管理经验，使得在教育工作的管理越来越专业，有利于促进管理的科学化，也能够提高工作效率。

（三）规定了学校干预措施，确保及时排除和防范风险

第78H条规定了一系列干预措施，以处理个别学校的运作或其学生的福利或教育表现所面临的风险。干预措施包括干预申请（第78J条）、提供指明的信息（第78J条）、提供专家帮助（第78K条）、行动计划（第78L条）、任命学校经理（第78M条）以及委员会的解散和委员的委任（第78N条）。那么，当学校出现风险或面临风险时，学校即可根据规定申请干预并且要求提供专家帮助，从而及时地化解风险，确保学校和学生的安全。

（四）确立了高等教育发展战略，为高等教育发展指明了方向

第159AA条规定教育部长必须不时发布高等教育战略，而且设定了教育战略的内容：①政府对高等教育的长期战略方向；②政府目前和中期的高等教育重点。高等教育战略规定政府长期的高等教育战略必须解决以下问题：①经济目标；②社会目标；③环境目标；④毛利人和其他人口群体的发展愿望。战略

发布之后，所有高等教育机构即可以此作为发展方向，避免了盲目和跟风。

（五）制定了学生贷款制度，帮助困难学生解决了学费问题

"学生贷款计划"最初是由官方于1992年1月通过教育部设立的，旨在为大学生提供贷款援助。贷款分三部分：学费、与课程有关的杂费、生活费。1994年至1995年，新西兰全国共发放学生贷款3.41亿新元，贷款面达40%，毛利族学生贷款面为51%，太平洋岛屿的学生贷款面为73%。2011年《学生贷款计划法》的目的，是为学生贷款提供有效管理、集中收取学生贷款还款、提供学生贷款的透明度，以便借款人了解他们对这些贷款的义务，并鼓励借款人尽早偿还其贷款。通过学生贷款计划，为那些经济困难无钱上学的学生解决了难题，维护了教育的平等，并给国家培养了人才。

第二章 CHAPTER 02
新西兰教育法律制度的价值取向

　　价值取向（Value Orientation）是价值哲学的重要范畴，它指的是一定主体基于自己的价值观在面对或处理各种矛盾、冲突、关系时所持的基本价值立场、价值态度以及所表现出来的基本价值取向。价值取向具有实践品格，它的突出作用是决定、支配主体的价值选择，因而对主体自身、主体间关系、其他主体均有重大的影响。新西兰人在制定教育法律制度时所持的基本价值立场即平等、实用和民主。

第一节　新西兰教育法律制度平等化

　　就新西兰的国情而言，其教育活动面对着不同的主体，例如男孩和女孩、农村和城市、信仰宗教者和不信宗教者、欧洲人和毛利人，以及身心健全者和身体缺陷者。对于不同群体的学生，必须给予平等的对待，否则必将引起受到不平等对待之学生和家长的反抗，导致社会的混乱甚至战争。新西兰不同阶段的教育法都在一定程度上体现了平等的理念。以下，笔者将从四个方面对新西兰教育法中的平等价值取向予以分析：

一、城乡和性别不同的学生在教育上是平等的

(一) 国家为城市和农村提供平等的教育条件

1877 年《教育法》确立了新西兰第一个世俗的、义务的和免费的国家初等教育体系。根据该法，7 岁至 13 岁的儿童必须上小学。该法还试图建立教育质量标准，因为学校的资源和方法差别很大。在此之前，孩子们就读于由省政府、教会管理的学校或私立学校。与所有立法一样，该法的有效性取决于其实用性和执行该法的资源。许多儿童仍然面临上学困难，尤其是那些手工劳动对家庭而言很重要的农村地区的孩子。

工党政府于 1935 年当选。1939 年，教育部长彼得·弗雷泽解释了计划改革背后的理由："任何人，无论他的学术能力水平如何，无论他是富人还是穷人，无论他是住在城里还是乡下，作为一个公民，都有权享受他最适合的那种免费教育，并且最大限度地行使他的权利。"

1942 年，新西兰国家图书馆设立了农村儿童服务处，成为学校图书馆服务处。函授学校的声誉和学生人数都有所提高。1955 年一部反映其工作的作品《给老师的一封信》获得了柏林电影节的提名。

20 世纪 60 年代，城市和农村小学的课程设置相同。农村教师在一间教室里已经能熟练地教授不同年龄和层次的课程。班级是非正式的，所有的孩子都会参加一些活动。其中有些人会引起老师的注意，而另一些人则默默地练习写作或阅读。

大约在 1900 年，中学教育一般是针对那些打算上大学或进入职业生涯的富有精英，并且不是免费的。1901 年，12 岁至 18 岁的人中只有不到 3% 的人上了公立中学，另外 5% 的人参加了地区高中。教育机会从 1902 年左右开始改善，当时的中学获得

第二章　新西兰教育法律制度的价值取向

了补助金，这使其得以招收更多的学生。

1914 年《教育法》要求中学向所有通过能力考试的人提供免费教育。因此，熟练程度证书成了影响工作和职业机会的主要决定因素。到 1921 年，在 12 岁至 18 岁的青少年中，近 13% 的人在中学就读（通常至少 2 年），到了 1939 年，25% 的人在中学就读。

（二）不同性别的人都能平等地参加各项教育活动

1877 年《教育法》对毛利人和妇女产生了一些影响，使他们中的一小部分能够接受高等教育。例如，在 1877 年至 1900 年间，500 多名毛利人女孩就读于霍克斯湾的胡卡雷当地女子学校。

1877 年《教育法》第 20 条规定："居住在教育区的每一个人，不论男女，已经年满 21 岁，且没有如下一节所述被取消资格的，均有资格成为理事会成员。"

此后，妇女有资格参加学校委员会，并立即做了这样的工作。在第一年，一名妇女当选为塞尔温地区学校委员会主席，其他人则在她的领导之下。这是一场大型运动的一部分：该运动将女性从家庭的"私人"领域转移到公民生活的"公共"领域。

1914 年《教育法》第 19 条也作了这样的规定："凡年满 21 岁，且没有在下章节中提到的不符合资格的人，不论男女，均有资格成为学校董事会成员。" 1964《教育法》第 150 条规定："已婚妇女担任教师、教育委员会或任何中学或技术学院的理事机构，或在由总干事任命教师情况下的总干事，都不得仅以妇女已婚为理由，拒绝在任何学校任命已婚妇女为教师，而任何已婚妇女，也不得以其是已婚妇女为理由而被从任何学校的教师职位上开除。"

（三）更加开放的教育系统为新西兰社会各阶层提供平等机会

新西兰忠诚地跟随英国进入第一次世界大战，其部队与澳

· 047 ·

大利亚人合并，被称为澳大利亚-新西兰陆军军团（简称澳新军团，ANZAC）。他们的第一个主要任务地点是加利波利，这场战役的人员伤亡数非常高。然后，澳新军团被重新部署到法国西部阵线，那里的损失也非常高。新西兰的学校组织的老男孩被派往国外的活动。参加学校学员计划的中学毕业生经常被任命在派往国外的新西兰部队担任军官。新西兰克赖斯特彻奇男孩高中就是一个很好的例子。斯图尔特上校，一个老男孩，在加利波利指挥坎特伯雷营。学校里有 154 名年龄较大的男孩自愿参军。这所学校举办了第一次澳新军团服务（1916 年）。最终有 786 名老男孩在军队服役，140 人牺牲。澳新军团于 1918 年回归，在学校里举行了一场欢迎会。当时所有的新西兰学校都竖立了纪念碑来纪念曾经服役的老男孩。

第一次世界大战对新西兰的政治产生了巨大的影响。这场战争被视为现有权力结构的失败。越来越多的人要求通过社会立法来建立一个更加平等的社会。其中之一是建立一个更加开放的教育系统，为新西兰社会各阶层提供机会。

新西兰在 20 世纪 30 年代和 40 年代对教育系统进行了重大改革，采取了重要措施促使新西兰人拥有更多的教育机会。这些改革得到了工党的支持。"大萧条"导致致力于扩大机会的工党政府赢得了选举。1935 年至 1940 年，劳工教育部长和战时首相是苏格兰人，其使命是建立一个平等的教育体系，向所有年轻人开放，不论家庭背景如何。1936 年，工党政府决定建立国家中学体系，最重要的一步是消除那些限制少数精英接受中学教育的 GPE，政府向所有已完成小学教育的 19 岁以下的新西兰人提供免费的国家资助教育，其他措施则显著改善了公共教育。教师工资增加，吸引了更多合格人员加入教师队伍。课程得到极大扩展，学校建筑的设计受到了更多关注。1944 年，离校年

第二章　新西兰教育法律制度的价值取向

龄提高到 15 岁。人们更加关注毛利人的教育。

二、不同信仰的学生在宗教教育上的平等

新西兰的土著居民毛利人信仰多神教，拥有自己的宗教信仰，而殖民者大部分来自欧洲，虽然也有来自美国的，但他们基本上都信仰基督教。因此，新西兰人大部分都有宗教信仰，当然也有一部分人没有宗教信仰。那么，在教学活动中是否要开展宗教教育呢？基于大部分人信仰宗教的特点，新西兰有在学校进行宗教教育的需要，但如果要求所有学生都参与宗教活动，又势必会侵犯没有宗教信仰的学生的自由。所以，新西兰必须恰当地处理宗教教育活动，不能厚此薄彼。

（一）宗教教育的法律依据

宗教教育，通常也被称为宗教研究，指的是作为更广泛背景的一部分的宗教教学。宗教教育不要求学生参与个人层面的宗教研究，也不要求学生选择是否接受这些信仰。宗教教育可以作为学校课程的一部分。

1964 年《教育法》规定，学校不需要提供宗教指导或仪式，但在某些条件下可以这样做。一所学校是否将宗教纳入学校的日常生活取决于学校董事会。如果一所学校确实提供宗教指导或遵守宗教习俗，就必须允许学生自由选择退出。

根据 1989 年《教育法》第 72 条的规定，学校董事会有相当大的自由裁量权来决定他们通过提供宗教教育的方式来做什么。然而，中学必须遵守《新西兰权利法案》。因此，如果它们确实提供宗教指导或仪式，那么就必须以非歧视性的方式进行，学生必须有权选择不参加，如果他们愿意。

1990 年《新西兰权利法案》允许在学校里进行宗教教育和宗教仪式，只要不歧视任何不持有这种信仰的人。

· 049 ·

学校可以免费教授不同的宗教以及宗教在政治、文化、艺术、历史和文学中所扮演的角色。新西兰课程设置的原则是，课程应具有前瞻性和包容性，应反映《怀唐伊条约》和新西兰的文化多样性，并重视全体人民的传统。课程鼓励学生重视的东西包括探究和好奇心、多样性、社区和尊重。了解并理解他人的信仰是其中重要的一部分。因此，学校可以自由地教授宗教，只要他们教学生信仰而不是教他们信仰什么。

（二）学生自愿参加宗教活动

宗教团体或个人表达其宗教或宗教信仰的权利与他们和社区其他成员不因宗教信仰或缺乏宗教信仰而受到歧视的权利之间存在着潜在的紧张关系。

教育委员会需要制定切实可行的解决办法，以确保希望在学校遵守宗教习俗的学生和教职员工能够在合理的范围内遵守宗教习俗，而不侵犯其他不愿参加的人的权利。

重要的是，学校董事会必须就学校可能举行的宗教仪式和教学活动，以及学校董事会和教职员用以决定学校如何处理宗教仪式或教学活动的理由，与社区进行清楚的沟通。与更广泛的学校团体进行磋商，可能是为学校制定人人都能理解的"基本规则"的有用方式。

三、欧洲人与毛利人在教育上的平等

从新西兰殖民政府成立到现在，由于毛利人在学校中受到不平等不公正待遇，导致许多毛利人被剥夺了受教育的权利，这直接影响了他们的未来发展和生活质量。但是每一个新西兰的孩子都应在身体、学术、社会和文化方面茁壮成长。开发自身的潜能对他们和每一个新西兰人都很重要，因为他们的未来发展依赖于受过教育的劳动力。因此，教育系统很好地服务所

有孩子是很重要的。

提高毛利人孩子的教育是至关重要的。至 2030 年,学生中的 30%,即未来的劳动力,将是毛利人。

一些教育成就的趋势看起来在提高,并且许多毛利学生在学校的表现非常棒。然而,总的来说,英语中等学校不支持毛利学生和其他学生获得同样高的成就,也不像其他学校一样留下毛利学生。这影响了他们离开学校时的素质条件,也对他们可能想要为社会和经济做的贡献产生了不利影响。

为新西兰的未来服务意味着需做到确保教育系统为毛利学生很好地运转以及毛利学生对教育的需求得到满足。20 世纪 60 年代开始,毛利人逐渐意识到毛利语言和文化正面临濒于灭绝的危机,于是民族复兴运动兴起。毛利人以《怀唐伊条约》为依据,要求政府给予毛利人同等的对待。在毛利人的抗争和一些有远见的白人的呼吁下,新西兰政府最终决定遵守条约的基本精神,以条约为基本原则来制定有关毛利人的政策。从 20 世纪 70 年代开始,新西兰政府对毛利人的教育进行了大量的改革,并取得了卓越的成效。

表 2-1　与毛利人教育政策和发展有关的日期和事件(1816 年至 2012 年)

1816 年	第一所教会学校在岛屿湾开放,传教士从事语言教学。
1840 年	签署《怀唐伊条约》。
1847 年	乔治·格雷介绍了《教育条例法》(和同化政策)。
1862 年	政府对毛利人的期望并不高。学校督察向众议院报告说,"精致的教育或高级精神文化"对于毛利人来说是不合适的,因为"他们天生通过体力劳动而不是脑力劳动来谋生"。

续表

1867 年	通过了《土著学校法》，建立了为毛利人提供土地的制度，政府提供建筑物和教师。（该法更喜欢英语作为毛利儿童教育中使用的唯一语言，但直到 1900 年才严格执行。）毛利人学校更注重手工教学而非学术科目。
1880 年	学校督察发布本地学校守则。TeAute 学院在 19 世纪 80 年代培养出了第一批毛利毕业生，但该学院面临着放弃学术课程而教授农业的压力。
1903 年	全国范围内的政策禁止（或劝阻）在操场上说毛利语。对在学校讲毛利语的儿童采取了广泛的惩罚措施（包括体罚）。
1915 年	教育部对毛利人采取同化政策，对毛利学生抱有低期望，年度报告包括土著学校督察的声明，"就该部门而言，没有鼓励那些希望进行专业学习的毛利男孩"。目的是尽可能将他们的注意力转向毛利人最适合的工业部门。
1930 年至 1931 年	新西兰教师联合会试图将毛利语引入课程，但被教育主任阻止。他认为，"毛利人自然放弃母语"。教育主任说，教育"应该让毛利小伙子成为一个好农民，让毛利女孩成为一个好农民的妻子"。
1950 年	西方开始影响毛利人，他们开始以说英语为主来培养孩子。
1960 年	《胡恩报告》提请注意毛利人和帕克哈人之间的教育差异，并拒绝接受有利于"融合"的同化政策。（1900 年至 1960 年间，说毛利语流利的人比例从 95% 下降到 25%。）
1963 年	《课程报告》强调需要集中毛利人教育成绩不佳的观念，并启动了一系列补偿性教育方案。
1970 年	Nga Tamatoa 和 Te Reo 毛利协会游说在学校引入毛利语。

第二章　新西兰教育法律制度的价值取向

续表

1971 年	毛利人教育国家咨询委员会的报告推进了双文化教育的概念。
1973 年	7 所师范学院全部都有毛利研究课程。Nga Tamatoa 和 Te Reo 毛利人协会向议会提交毛利语言请愿书。
1981 年	毛利人领导人惠华卡塔拉提议并建立第一个幼儿养护所，作为对即将消失的毛利语的回应。
1985 年	第一个库拉考帕帕毛利人学校在西奥克兰的 Hoani Waititi Marae 建立。
1986 年	怀唐伊法庭在一份关于毛利语权利主张的报告（WAI 11）中称，毛利语是《怀唐伊条约》第 2 条所保障的对象。
1987 年	《毛利人语言法案》承认毛利语为官方语言。毛利语言委员会成立。
1989 年	《教育法》正式承认库拉考帕帕毛利人学校是教育机构。
1990 年	《教育法》修订后承认毛利大学为教育机构，并允许教育部长指定一所公立学校为库拉考帕帕毛利人学校。
1997 年	毛利人大力推动提高讲毛利语的人数的举措。有 675 个幼儿养护所、54 个库拉考帕帕毛利人学校、3 个毛利大学、32 000 多名接受毛利中等教育的学生、55 399 名学习毛利语的学生。
1998 年	TePuniKokiri 的报告指出了毛利人教育系统的不足。教育部和 TePuniKokiri 制定了第一个毛利人教育战略。
1999 年	《教育法》修订后，规定库拉考帕帕毛利人学校必须遵守"TeAho Matua 原则"。
2001 年 5 月	教育部部长和副部长以及 Ngati Tuwharetoa 发起了一系列 Hui Taumata 来讨论问题、障碍和未来方向。重新制定毛利教育战略，借鉴 TePuniKokiri 的"毛利潜能方法"政策。

续表

2008 年	启动提高毛利人教育系统绩效的战略——KaHikitia-成功管理。
2012 年	为毛利人教育实施更具自主性的方法而采取一系列举措、方案和活动。（包括伙伴关系、欧洲经委会参与项目以及专业学习和发展规划。）

新西兰对毛利人的教育之所以取得了重大成功，是因为其教育改革是一个成体系的综合系统，其主要体现在如下三个方面：

（一）从法律上保障毛利人获得平等的教育地位和权利

语言是一种文化的象征，也是传递文化的主要工具。在先民社会中，语言是主要的沟通工具，即使在文字出现之后，语言也仍是传递信息的主要工具。就内在功能而言，语言传递文化资本，促进个人智力发展；就外在功能而言，语言负载价值观，促进个人产生族群认同。[1]所以，语言的复兴是教育和文化复兴的首要标志和体现。由于学校不教、媒体不用、族人散居市郊，毛利语的流失速度非常迅速。从农村到城市，越来越多的人开始不再使用毛利语，到了20世纪80年代，会说毛利语的儿童已经不足5%。[2]为了复兴毛利语，1985年，毛利人各部落首领起草了《毛利语言宣言》，明确要求"毛利语应被接受为全国官方语言之一"。怀唐伊法庭的法官在广泛咨询和讨论后，向全国建议：①毛利人有权在法院和任何政府机构中使用族语；②政府应设置机关以监督并促进毛利语言的使用；③政

---

[1] 谭光鼎："原住民语言文化复兴——毛利人幼儿养护所经验的探讨"，载《内蒙古师范大学学报（教育科学版）》2004年第10期。

[2] A. Armitage, *Comparing the Policy of Aboriginal Assimilation: Australia, Canada, and New Zealand*, Vancouver: UBC Press, 1995, p.175.

第二章 新西兰教育法律制度的价值取向

府应研议规划相关的教育政策,以增进毛利族人学习毛利语的机会;④国家有义务在媒体广播中扩大毛利语的运用;⑤相关政府官员的任用资格应要求双语能力(英语和毛利语)。[1]法庭的宣判使毛利语取得了合法地位,为民族文化的复兴奠定了最重要的一块基石。新西兰国会随后于1987年通过了《毛利语言法案》(The Maori Language Act 1987)。该法案的主要内容有:①毛利语与英语同为官方语言;②任何人都有权在法律程序中使用毛利语;③设立毛利语言委员会,负责推广毛利语的使用,监督毛利语的推行。[2]这就从法律层面为毛利语的发展提供了保障。

1989年和1994年,新西兰政府先后颁布了新西兰教育史中两部非常重要的教育法律文件1989年《教育法》和《面向21世纪的教育》,制定了两大目标:一是协助毛利人参与社会的各个方面,通过建立一个完善的教育体系,使毛利人与其他族群享有同等的机会和成就。二是强调毛利人在学习过程中需要克服两种额外困难:第一是学习适应白人社会的价值观念问题;第二是以母语为教学媒介的问题。这两个改革文件都将提高毛利人教育的质量和水平作为新西兰教育发展的重要内容。[3]至此,作为新西兰最大的少数民族,毛利人的教育被逐渐提上议事日程,毛利人教育的成功就是新西兰的成功。

1999年,新西兰政府颁布了第一个毛利人教育战略计划《政府优先发展毛利教育政策》。政府承诺提高毛利人教育的质

---

[1] 转引自谭光鼎:"原住民语言文化复兴——毛利人幼儿养护所经验的探讨",载《内蒙古师范大学学报(教育科学版)》2004年第10期。

[2] 转引自李晶:"新西兰土著毛利人的历史与现状",载《世界民族》2006年第5期。

[3] 转引自高燕:"新西兰毛利人教育政策的历史发展研究与启示",西北师范大学2010年硕士学位论文。

量，鼓励更多的毛利人参与到教育政策的制定之中，支持开办高质量的毛利学校等。2005年，政府再次发布《政府优先发展毛利教育政策》，重申政府对毛利人教育的承诺。2008年，政府颁布《加大毛利教育执行力度政策》，其目的是使教育系统为所有毛利人提供机会，让他们认识到自己独一无二的潜能，通过教育满足自己的需求并取得成功。

（二）从课程内容层次保障毛利人受教育的机会

立法只有体现在具体的细节上，才能真正收获预期的效果。课程作为教育内容的载体，是教育教学活动的基本依据，是学校一切教学活动的中介，是实现教育目标的基本保障。所以，教育立法只有通过学校具体的课程得以体现，其目的才能实现。课程方面的改革主要体现在：在现行公立学校中实施双文化课程，以单独设科方式介绍毛利人的语言和文化，或者在部分科目中融入毛利文化；开办双语学校或者双语教学班。

文化和教育不仅在教育系统内部是不可避免地交织在一起的，而且在学习环境的创设方面也是相互影响、相互作用的。当毛利儿童在课程内容中看到有关毛利人的家庭、生活、习俗、文化时，他们会更容易接受和学习知识，更有益于他们学习成绩的提高，也更有利于产生文化认同感。在部分科目中融入毛利文化或者单独开设毛利文化和语言课程不仅可以提高毛利人对自己文化和民族的认同，而且非毛利民族的学生也可以通过学校开设的毛利语言和文化课程了解毛利人的文化，这不仅有助于减少民族之间的误解、增进民族团结，也有利于形成包括各民族文化在内的国家文化认同。

（三）创设体制外的新型学校保障毛利人教育上的平等

对毛利人而言，最能体现其传统文化内涵并达到文化传承和语言学习的途径是创设体制外的新型学校，也就是设立幼儿养护所和民族学校。虽然公立学校开设了部分毛利语言和文化课程，但是这些课程占公立学校课程的比例很小，学生学习到的毛利语言和文化是支离破碎的。因此，创设体制外的学校，为毛利人提供专门的学习毛利语言和文化的场所就显得格外重要了。

设置幼儿养护所的目的是向毛利儿童提供一种学习毛利语言和文化的环境，让儿童在纯正的毛利语言和文化中获得自然的浸染。典型的幼儿养护所大约能够容纳20名儿童，招收0岁至6岁的幼童。在幼儿养护所中，毛利语言和文化具有绝对的优先性，部落文化和宗教信念具有相当大的影响力。在幼儿养护所中，由部落中懂得传统文化和语言的老人以毛利人传统的方式教导儿童，以使毛利文化和语言能够世代相承。具体而言，幼儿养护所要遵循如下四个原则：一是说毛利语，这是幼儿养护所的中心原则，其目的在于为毛利儿童提供一个完全讲毛利语的环境，以复兴民族语言；二是强调传统习俗，幼儿养护所为所有儿童提供一个完全的毛利文化传统的环境，无论是教师的教授、学生的学习，还是对幼儿的养护以及奖惩措施、教授内容，甚至室内布置等各方面都充分体现毛利人的传统文化和习俗，借以使儿童浸染其间、自然陶冶，获得毛利民族的价值认同和观念；三是大家庭，幼儿养护所的成员不仅包括教师和幼儿，还包括所有儿童的家长，是一个扩大式的家庭；四是自我决策，幼儿养护所的所有家长都参与决策，共同讨论和决定教什么、谁来教、如何教。[1]

幼儿教育养护所除了促进毛利儿童从小获得纯正的毛利语

---

[1] B. Johnson and K. A. Johnson, "Preschool Immersion Education for Indigenous Languages: A Survey of Resources", *Canadian Journal of Native Education*, 2002, (2): 107.

言和文化传统外，还推动了民族教育体系的发展。幼儿教育养护所的成功对新西兰中小学甚至大学的发展都具有借鉴意义。基于此，新西兰各地纷纷成立民族中小学和学院。

伴随着新西兰有关毛利人教育的各项措施的施行，毛利语言和文化逐渐复兴，到2009年，有19.9%的新西兰在校学生接受了毛利语言教育。2009年，毛利儿童在学前教育中的比例达到17%，学前教育中毛利人教师的比例达到8%；中小学教育中，在校毛利学生人数占总在校生的22%，毛利人教师的比例为10%；毛利语学校的在校生人数达28 171人，占总在校生的3.7%；目前新西兰有8所综合大学、20所技术大学、3所毛利大学（Wananga）、39所工业培训机构和14所其他高等教育机构，在校毛利学生83 790人，占总在校生人数的18%。[1]

为了提高毛利学生的成绩，整个教育部门都在普遍转变态度和行为，采取举措和计划提升毛利人参与度、参加度和成就感，提供管理和教学实践的指导和最佳实践范例，以帮助毛利学生参与学习并支持他们取得更好的成绩。高等教育委员会正在努力实施政府的高等教育战略。该战略有四个优先事项，包括帮助更多的毛利高等教育学生达到更高的水平。

四、特殊教育为残疾人提供教育上的平等

特殊教育是运用特殊的方法、设备和措施对特殊的对象进行的教育。狭义的特殊教育是指针对具有身心缺陷的人（即盲人、听障人）、弱智儿童以及问题儿童所开展的教育。各国实施这类教育的机构一般有：盲人学校、聋人学校、肢残和畸形儿童学校、语言障碍儿童训练中心、森林学校、疗养学校、特殊

---

[1] "Annual Report 2010"，http://www.minedu.govt.nz/theMinistry/PublicationsAndResour-ces/AnnualReport/AnnualReport10.aspx，2010-6-30.

第二章　新西兰教育法律制度的价值取向

学校、低能儿学校、工读学校、儿童感化院以及附设在普通学校的特殊班级。[1]

新西兰是南太平洋发达国家之一，其发达的经济与其教育的发展不无关系。针对特殊教育，新西兰政府给予了高度重视，从政策、资金等方面全面推进其发展，并表现出了自身发展特点。[2]新西兰关心残疾儿童、重视特殊教育，与他们根深蒂固的平等理念是分不开的。

新西兰政府每年在特殊教育上的投资超过5亿新元。教育部（政府）确保能为特殊教育以及残疾的学习者提供有效且高效的服务，帮助学校为所有学生提供更高质量的教育。重点是改善 Maori and Pasifika（毛利人和太平洋岛屿族裔）的学习者以及有特殊教育需要或者残疾的学习者。

新西兰每年都会为学校提供一系列的资源以支持预计40 000名~60 000名有中等特殊教育要求或残疾的学习者，由专业人员直接为超过3%的学校学生提供高级的特殊教育。

（一）转变观念大力发展特殊教育

大多数有特殊教育需要或残疾的学生都在普通学校上学，全国只有大约2400名学生在28所特殊日间学校上学。少量有特殊教育需要或残疾的学生就读于住宿制特殊学校、社区健康学校以及视力听力教育中心。

有特殊教育需要或残疾的学生会遭遇一系列的障碍，这些障碍会影响他们在学校学习和取得成就。这些疾病包括身体上的（如脑瘫）、感官上的（如失明/低视力和失聪）、认知上的（如唐氏综合征）、社会心理或者行为方面的问题或者是这些问

---

[1] 参见吴忠观主编：《人口科学辞典》，西南财经大学出版社1997年版。
[2] 王雁："新西兰特殊教育发展特点及启示"，载《绥化学院学报》2010年第4期。

题的总和。最新的医疗技术进展意味着出生时体重很低的婴儿（早产儿、小产期婴儿或者多胞胎）存活的可能性很大。然而，在这些人当中，有相当一部分人将会经历各种各样的困难，从轻微的认知障碍到严重而复杂的残疾。

大多数有特殊教育需要或残疾的学生均没有明确的诊断。此外，每个有特殊教育需要或残疾的学生的需求都是不同的，具有相同诊断的学生（如唐氏综合征或自闭症）的需求也存在着显著的差异。正因如此，新西兰把资源和支持以需求为基础来分配而不是单纯依据诊断。先天不足的损伤在持续的时间、严重程度和影响方面差异很大，学生可能只需要很少但是高度集中的支持。教育部的观点已经从一个学生有没有特殊教育需要转移到了一个更微妙的视角：学生是否在一个统一体内。

这种观点的转变直接影响到了资源、支持被分配和交付给学生的方式。政府正越来越多地向学校提供专业意见，帮助他们有效地接纳有特殊教育需要或残疾的学生。其重点是提升学校支持所有学生（包括那些有特殊教育需要或残疾的学生）的学习的能力。

有特殊教育需要或残疾的学生目前的教育成就水平较低，他们离开学校后继续深造和就业的可能性比同龄人低得多。为有特殊教育需要的学习者提高教育成就，长久看来会带来一系列社会和经济效益。

尽早投资于正确的支持将会带来积极的结果。有特殊教育需要的学生，如果能继续学业以及就业，生活就会变得充实而有趣，也将会受到社会的重视。尽早投资还有利于帮助将负面后果最小化，比如精神和身体健康问题、潜在收入的损失、对利益的依赖、与刑事司法体系的牵连以及与之相关的成本。

（二）加强措施发展特殊教育

1. 合并 RTLB 和 SLS 服务

合并服务将接触更广泛的学习者群体，确保更好地协调支持，更灵活、反应更快。这种融合有望带来更好的服务质量，从而为学习者带来更好的学习成绩。

该部门雇用了大约 820 位专业人员（相当于全职），包括语言治疗师；心理学家；特殊教育顾问；早期干预老师；职业治疗师；毛利人联络协调员（kaitakawaenga）；聋人顾问；物理治疗师和行为支持老师和专家。工信部正在努力将太平洋岛民专业人员的数量从 1.1% 增加到 1.5%。

同时，资助学校聘请教师助理，为学校以及幼儿教育中心中有特殊教育需要或残疾的学生提供支援。据估计，新西兰每年的教师帮助开支为 2 亿新元。

截至 2011 年 6 月，专业人员直接为 4950 名有复杂高难度要求的学习者提供以下服务：为 13 000 名儿童提供早期干预服务，为 3780 名学习者提供严重行为服务，为 6250 名学习者提供沟通交流服务。另外，有 30 000 名学员通过 53 家签约供应商接受了专业服务。

2. 继续推动教育领域的改革，包括为有特殊教育需要、残疾的学生提供支持和服务

未来 3 年至 5 年，新西兰将继续推动教育领域的改革，包括为有特殊教育需要、残疾的学生提供支持和服务。政府机构力求更有效地提供社会服务，包括为有特殊教育需要、残疾的儿童和青年提供服务。

在中长期内，劳动力发展、替代基金持有模式以及衡量特殊教育需要、残疾学习者（包括那些特殊教育需要、残疾程度非常高的学习者）成就结果的方法可能仍将是被优先考虑的

事项。

3. 增强的外展服务和网络

鼓励特殊学校在普通学校提供教学支持，这些学校招收了大多数有特殊教育需要、残疾的学习者。这将在学校之间建立起更密切的联系，并帮助其建立教学能力，以支持更多具有特殊教育需求、残疾的学习者。

4. 更有效地使用专业人员

确保学习者能够在国内任何地方得到专业服务，这对于视力和听力受损的学习者来说是一个特殊问题。为了解决这个问题，新西兰盲人和低视力网络（BLENNZ）以及两个聋人教育中心——Kelston 和 van Asch 将汇总目前由几所学校雇用的针对视力和听力障碍学习者的专业教师。这些组织将管理专业教师，为当地学校的 600 名学员和他们的老师提供支持。

第二节　新西兰教育法律制度实用化

实用主义在欧美地区是一种比较流行的哲学流派，也是一种比较普遍和传统的生活观。20 世纪 40 年代以前，实用主义在美国哲学中一直占据主导地位，甚至被视为美国的半官方哲学。在其他国家，实用主义也有流传。例如，英国出现过以席勒（F. C. S. Schiler，1864—1937 年）为代表的实用主义运动。席勒为了强调哲学以人的利益为中心，将实用主义改称为人本主义。实用主义者对行为、行动进行了解释，关注行动是否能带来某种实际的效果，也就是关注直接的效用、利益，有用即是真理，无用即为谬误。

因为新西兰人大都来自欧洲，所以他们深受实用主义的影响。在制定教育法律制度时，新西兰自然会将教育与实际生活

第二章　新西兰教育法律制度的价值取向

密切联系起来，这在教学方法和教学内容的选择上表现得尤为明显。此外，新西兰的职业技术教育和成人社区教育也是与实际生活密切相关的，这也体现了实用主义的教育哲学。下面，笔者将从四个方面对新西兰的教育法律制度进行分析：

一、新西兰教育法规定的教育方法体现了实用

1922年，惠灵顿成立了函授学校，为仍然无法接触学校的儿童提供远程教育。最初接受远程教育的是167名小学学龄儿童（其中许多人是文盲）和一名教师——珍妮特·麦肯齐（Janet Mackenzie）。母亲们被邀请监督他们孩子的学业。1927年，学校有几位教师，720名学生。1928年，该校第一次开设了中学课程。

20世纪初，一些乡村学校开始开设成人夜校，在20世纪20、30年代，夜校变得更受欢迎。农村成人教育方案在教育学家詹姆斯·雪莱的指导下，在坎特伯雷工人教育协会和乡村教育协会的支持下，在坎特伯雷开始实施。

20世纪70年代，学前教育和继续教育服务增长。1976年，学龄前儿童首次在函授学校就读。此外，政府还于20世纪70年代末推出了移动幼儿园车制度。

1979年，REAP（农村教育活动计划）为农村人口提供了进一步的教育，从学前班到成人学习者。它是在人口不足20 000人的大区设立的。

中心学校的建立减少了学校的数量。此外，农业的衰退导致人们离开农村社区。

自20世纪70年代以来，新西兰的农村教育服务发生了一些变化。例如，playcentres和kōhanga reo（毛利语"巢"）现在最常见的学前教育在国家地区。1989年的改革结束了国家教师

服务制度。现在,乡村学校获得了人员激励津贴,这样它们就可以提供有竞争力的工资。基于隔离所产生的成本,它们也得到了额外的资金。继续提供的服务包括农村教育活动方案、学校交通补贴和公共汽车,以及为必须离家上中学的学生提供寄宿助学金。

二、新西兰教育法规定的教学内容体现了实用

从 1900 年左右开始,为学生将来的工作进行教育的想法开始流行,一些人认为农村的孩子应该为从事农业工作做好准备。从 20 世纪 20 年代起,农村小学开始为学生引进家庭种植蔬菜和饲养小牛的项目,学校的农业俱乐部也开始设立。

同样在 20 世纪 20 年代,Rangiora 高中和 Feilding 农业高中为有意成为农民的男孩提供培训,但是许多地区的高中并没有提供农业科目——农村家长往往希望自己的孩子接受学术教育,这样他们就能在城镇里找到工作。一些人把孩子送到了城市中的寄宿制中学。

20 世纪初,新西兰试图通过引进技术高中,满足劳动力培训的需求。他们提供实用的、以职业为导向的培训。然而,这并不成功。传统中学被家长视为提供了进入高地位职业和更好生活的途径。技术学校被认为是为能力较低的人服务的。

在 20 世纪 20 年代和 30 年代,有一种更加强调职业培训的趋势,其是 20 世纪上半叶西方现代趋势的一部分:从注重精神、道德和文化教育转向注重劳动力教育。[1]

在 20 世纪 40 年代之前,学生们在不同类型的中学接受不同的课程。例如,1926 年,25% 的中学生进入技术学校,2% 进入

---

[1] Erik Olssen, "Towards a New Society", Geoffrey Rice (ed.), *The Oxford History of New Zealand*, Oxford: Oxford University Press, 1992, p. 277.

第二章　新西兰教育法律制度的价值取向

毛利学校（强调手工技能），12%进入地区或农业高中，10%进入私立学校（包括天主教学校），超过50%的人去了州立中学。[1]

三、新西兰教育法规定的职业技术教育体现了实用

20世纪50年代以后，新西兰的职业技术教育有了新的发展。在20世纪50年代，新西兰所需要的技术人才是从英国和欧洲其他国家招聘而来的，同时在中学开设职业技术课以培养技术工人。到20世纪60年代，由于农业生产逐步向工业制造业发展，加上人口的增长，亟须自己培训技术人员和工人。于是，新西兰在60年代开始创办了6所技术学院，在70年代创办了12所，1980年以来又创办了2所，现在共有21所技术学院。起初主要是培养技术工人，现已逐步发展为既培养技术工人，又培养技术人员，并逐步向地区学院的方向发展，为本地区各种事业的需要培养技术人员、技术工人、管理人员、医士、护士等。同样担负职业技术教育任务的还有各种培训中心。另外，普通中学还进行职业技术教育等。

新西兰的职业技术教育，主要有以下四种办学形式：①技术学院。由教育部主管，主要是招收在职人员，着重培养技术工人和技术人员。②培训中心。由各业务部门创办的各种培训中心，全国约有20个。这些培训中心也开展培训技术工人和技术人员等工作，但规模比技术学院小，不归教育部管理。③函授技术学院。它也担负着培养技术工人和技术人员的一部分任务。目前，新西兰全国只有一所函授技术学院，有教师400人、学生30 000人。④在中学进行职业技术教育。新西兰共有310所中学，其中有200所开设了职业技术课。

---

[1]　Melanie Nolan, *The New Oxford History of New Zealand*, Oxford, 2009, p. 379.

四、新西兰教育法规定的成人社区教育体现了实用

新西兰的成人社区教育（Adult and Community Education）是高等教育的一部分，在帮助成年人更好地进行终身学习方面发挥着重要作用。同时，在新西兰，成人社区教育也为政府在社会和教育各方面的工作做出了重要贡献，尤其是在解决一些关键的、紧急的教育问题方面发挥了重要作用。

成人社区教育的重要性得到了新西兰高等教育委员会（Tertiary Education Commission）的认同、关注和支持。新西兰成人社区教育包括一系列正规的和非正规的以社区为基础的教育活动和计划。这些活动和计划的制定和实施既关注整个社区的发展也强调社区成员的个人学习和发展。2000年，为了更好地为政府提供政策决策并规范成人社区教育的资金来源和管理事宜，也为了使其有更好的发展前景，13个成人社区教育成员呼吁成立成人社区教育工党。2001年，成人社区教育工党提交了一份名为《建立学习型社会》的报告，该报告在介绍了成人社区教育重要作用的同时，还根据当前的社会发展情况，重点设计了成人社区教育目前及将来的发展目标和行动方案。这一报告得到了政府的肯定和赞赏。自此，政府在处理社会和教育问题时会通过教育部和高等教育委员会向成人社区教育的相关部门咨询意见。如在2002年7月高等教育规划制定的过程中，成人社区教育相关机构发挥了重要作用。

《建立学习型社会》认同了专业化发展对于增强个人以及整个部门技能水平的重要性，并认为专业化发展也是目前员工所缺失和不足的方面。为此，新西兰高等教育委员会每年投资90万新元以促进专业化发展。2005年，新西兰高等教育委员会与成人社区教育机构共同磋商了目前专业化发展的问题和需求。

第二章 新西兰教育法律制度的价值取向

在此基础上，2006年4月初，新西兰高等教育委员会提出了《成人社区教育专业化发展规划和行动计划（2006—2010）》(The ACE Professional Development Strategy and Action Plan 2006—2010，以下简称《计划》)，旨在在成人社区教育部门中倡导一种全面的、协同的专业化发展方式，以构建知识和技能，使部门各层次人员的专业化发展水平在未来5年的时间内有一个整体提高。

1. 明确成人社区教育专业化发展所需的技能

制定这一策略主要是了解目前各部门所缺少的技能，并根据当前社会发展趋势对未来5年内所需的技能进行预测。2005年，高等教育委员会和成人社区教育部门对这些技能进行了概括和总结，主要包括三个方面的内容：

（1）部门员工认为对专业化发展非常关键的技能，如帮助毛利人、太平洋人等少数民族更好地发展他们的社区活动；为管理人员提供相关的技能指导；为资金不足的部门人员的专业化发展提供帮助等。另外，还有与工作方式相关的技能，如如何与人合作，实现创建以合作为基础的高质量的成人社区教育并吸纳和鼓励新成员的加入；如何与少数民族及移民人员合作相处，提高工作效率；培养和提高领导能力等。

（2）建立一个共享的集体，提高所有人员的共享意识并丰富共享内容，如参与社区需求的评价；与不同的社区共同工作；采用以社区发展为基准的工作方式；为学习者设计快速、有效的方式等。

（3）帮助成人社区教育达到高等教育委员会所规定的目标，如确保用一定的质量保障和标准为其提供不断的支持和建议；学会自信地设计各种实施方案和措施。针对以上内容，《计划》还提出了相应的行动方案，规定于2006年制定社区学习计划来认识社区学习的需求与不足，制定评价方案，尤其要关注成人社区教育中毛利人和太平洋人的专业化发展；于2007年制定管理者、指导者、合作者和新成员等个人专业化发展计划，并为其提供资源以及培训机会和支持等；在2008年至2010年对专业化发展计划和实施过程进行评价和完善。

2. 理论联系实际，有利于学习型社会的构建

《计划》是针对高等教育委员会和成人社区教育部门提出的成人社区教育专业化发展能力不足问题而制定的，目的是建立一个高质量、高标准的成人社区教育体系，提高各部门工作人员的相关技能，为学习者提供更多的学习机会和更高质量的学习内容，最终构建一个学习型社会，以符合当前国际发展趋势及终身学习的要求。《计划》中相关策略的制定和实施都立足于社区和一定人群的实际需求，如强调提高毛利人、太平洋人等少数民族的成人社区教育专业化发展水平，就是针对当前新西兰社会少数民族和一些外来移民的成人社区教育工作进行得不够理想的情况而制定的。

同时，《计划》要求从各部门中选出有能力、有经验的人员组成核心小组，并与一些专家合作，共同为成人社区教育的专业化发展献计献策，这一举措也是考虑到只有员工自己才真正了解自身的发展水平和需求，只有将专家的理论与员工的实际操作结合起来才能够真正解决问题。只有在成人社区教育的整体水平及各部门人员的技能都得到提高的情况下，才能够为社会提供更高质量的成人教育，为那些第一次学习且未能取得成功的人提供再次学习的机会，也为离开学校或工作岗位而中断学习的人提供继续学习的机会。

第三节　新西兰教育法律制度民主化

新西兰教育法律制度的哪些地方体现了民主？下面，笔者

第二章　新西兰教育法律制度的价值取向

将进行逐一分析。

一、新西兰教育机构的组成体现了民主

（一）1877 年《教育法》规定的学校董事会在组成上体现了民主

1877 年《教育法》规定每个学区都应设立一个学校董事会，由居住在学区内的 7 名住户组成。对于 7 名住户的产生，法律规定任何没有取得其最后解除破产令的破产人，任何被判叛国罪、重罪、伪证罪或者因犯其他臭名昭著的罪行而被定罪的人，任何精神不健全的人，以及不符合本条例所规定的资格的人，均不可以成为或者继续担任学校董事会的一员。[1]学校董事会在行使权力时，秉持少数服从多数的原则。主席应进行主持投票，如果投票数量相同，其也应参与投票。学校董事会任何会议的任何决议或决定均不得在该董事会的任何后续会议上在其通过后的 12 个月内撤销或变更，除非其有意提出撤销或更改的意向。

（二）1914 年《教育法》规定的教育总理事会和教育委员会在组成上体现了民主

（1）根据该法第 8 条的规定我们可以看出，教育总理事会的成员具有广泛的代表性，既有政府官员，又有教育委员会的成员，还有各种学校的教师代表，并非全部由行政官员构成。教育总理事会的成员包括：①教育署署长，他将担任主席；②助理教育主任，在主席缺席的情况下担任主席；③教育部的另一名官员，其应是 1 名检查员，由部长负责；④2 名由北岛教育委员会成员选出的成员，以及 2 名由南岛教育委员会成员选出的

---

〔1〕　1877 年《教育法》第 59 条。

· 069 ·

成员；⑤由北岛公立学校的认证男教师选出的1名成员，以及由南岛公立学校的认证男教师选出的成员；⑥由中学和技术学校的男教师选出的1名成员；⑦1名成员由北岛公立学校的认证女教师选举产生，1名成员由南岛公立学校的认证女教师选举产生；⑧由中等和技术学校的女教师选出的1名成员；⑨新西兰大学的1名成员，由参议院任命；⑩由部长任命的3名成员，即代表工业和技术利益的2名成员（其中1名代表农业），1名（妇女）代表女童教育的利益。

（2）根据该法第15条的规定，每个地区都应设立一个教育委员会，教育委员会的代表由选举产生，更是民主的充分体现。乡（镇）区委员6人，每区选举2人。

二、新西兰成人社区教育计划的实施充分体现了民主

联合国教科文组织和经济合作发展组织都十分强调成人社区教育（Adult and Community Education）对于社会经济发展、社会协调、生态平衡等方面的重要作用。新西兰的成人社区教育是高等教育的一部分，在帮助成年人更好地进行终身学习方面具有重要作用。同时，在新西兰，成人社区教育也为政府在社会和教育各方面的工作做出了重要贡献，尤其是在解决一些关键的、紧急的教育问题方面发挥了重要作用。

成人社区教育的作用越来越受到重视，新西兰政府对其的期望也越来越高，希望人们能够接受更高质量的成人社区教育。2001年的《建立学习型社会》认同了专业化发展对于增强个人以及整个部门技能水平的重要性，并认为专业化发展也是目前员工所欠缺的。为此，新西兰高等教育委员会每年投资90万新元以促进专业化发展。

2005年，新西兰高等教育委员会与成人社区教育机构共同

磋商了目前专业化发展的问题和需求。在此基础上，2006年4月初，新西兰高等教育委员会提出了《计划》，整个计划主要由成人社区教育各部门作为主要负责人来执行，因为新西兰高等教育委员会认为只有部门自己最清楚他们需要怎样的专业化发展方式和内容。新西兰高等教育委员会在整个计划中的作用主要是帮助成人社区教育建立一个确保满足所有部门专业化发展需求的全面执行系统。这对于成人社区教育来说是第一次用专项资金，以全体部门为范围进行的专业化发展活动。这一策略的提出使成人社区教育部门的员工有机会增强自己的技能，也有利于提高部门的整体能力，使之成了高等教育体系中更加完善的一部分。

《计划》是各部门通过讨论、采访、咨询并与一个由成人社区教育的专家和建议者组成的智囊团共同商讨的结果。在《计划》提出以前，虽然很多人都意识到了专业化发展的重要性，一些人也提出了相关的建议，但是却一直未能得到切实实施。其中很大一部分原因在于当时政府还没有意识到民众意见的重要性，所以未能得到民众的支持。《计划》的出台是各阶层民众共同努力的结果，他们都认识到了成人社区教育专业化发展是与自己休戚相关的事情，并不是政府所做的门面工程。《计划》规定的若干政策关注成人社区教育的整体发展方向，也把各部门员工个人技能的增强和个性的发展提上了日程，两者相互促进、相辅相成。为了在提高自身能力的同时促进整个成人社区教育的发展，所有人员都积极参与行动，使计划能够顺利实施。

三、调整中央教育行政机关组织与职权体现了民主

将集政策决定、经费补助、政策实施及责任监督于一身、分工精细且组织庞大的教育部，改组成5个平行、各自分工、

员额精简且以任务契约聘任员工的中央组织。第一个组织称为"教育部"(Minister of Education),负责教育经费补助,并向部长及副部长提供政策咨询;第二个组织称为"教育视导署"(Education Review Office),负责视导评鉴学校办学成效,规划筹组由各学科专家、校长、社区代表等组成的视导评鉴小组,对各校进行每3年一次的视导评鉴;第三个组织称为"国家教育资格局"(National Education Qualifications Authority),掌理中等教育及中等后教育阶段各项教育资格之考试与检定;第四个组织称为"家长咨议会"(Parent Advocacy Council),为不满学校董事会有关其子女决定的家长们提供申诉及调解服务;第五个组织是中央于各地所设的"社区教育论坛"(Community Education Forums),作为同一地域区内不同政府部门、不同学校和社区民众间讨论教育政策,沟通教育议题的机制。

从新西兰中央教育行政机关调整本身来看,将原来集多项重要职权于一身的旧教育部分割成5个平行的部门,缩小了教育部的权力,分出去的权力交给其他部门行使,这本来就是民主的一种体现。特别是设立了一个新的机构"家长咨议会"(Parent Advocacy Council),家长可以在一定程度上影响国家教育政策的制定,这更是民主的充分体现。

四、扩大学校董事会的权责体现了民主

中小学校一律设相同名称的学校董事会(Board of Trustee),取代原中学的校管会和小学的校务委员会,并扩大其权责,成为学校科层的最高权力组织。中小学校董事会由5位家长互选委员(1991年后,家长所选出之委员已不以家长为限)、1位校内教师互选委员、校长,以及由这些委员们所共同选出之委员,至多不超过4位,目的在于使各种专业人士有机会加入学校董

事会，或反映学校董事会在性别、族群和阶级上的均衡，以增进决策权力的公平性。在中学，学校董事会须另增一席学生互选委员。

学校董事会的所作所行要对学生家长和监护人、本地社区、教育部长和教育部、其他政府部门和公众负责。学校董事会必须有自己的章程，在章程中说明长期工作目标和年度学校重点工作目标。学校董事会必须监督实现目标工作的进展情况，每年向社区和教育部作出汇报。每年2月至12月，学校董事会一般每月要开会一次。学校董事会会议是向公众开放的，但在讨论需要保密的问题时，会议不向公众开放。

任何想参加校董选举的人都必须确信，根据业已了解的有关信息，自己符合参选资格。参选人不必有孩子在学校读书，甚至不必是有孩子的父母。1989年《教育法》第103条和第103A条规定了哪些人不可以被选为董事，或被任命、指定为董事。董事选举每3年举行一次。如果有意成为董事，可以关注教育部网站或新西兰学校董事协会（New Zealand School Trustees Association）网站上关于下次选举的通知。

学校董事会的权责包括：研订学校发展政策及其实施计划，根据发展计划代表社区与教育部签订办学合同（Charter），监督学校依合同办学，分配并管理学校预算，聘任与罢免包括校长在内的教职员工，维持学校土地及建筑设备，根据教育部颁订之国家课程架构实施校内课程，向新西兰教育部提报学校年度经费决算报告。[1]确保学校环境安全，为全体学生提供高质量的教育，监督对教学大纲、教职员工、财产、财务和行政工作的管理。学校董事会经常性地监督检查学校工作进展情况，看

---

[1] 邝伟乐："新西兰学校自主管理政策"，载《外国教育研究》2002年第12期。

是否达到了预定目标，以便为下一步工作安排提供参考信息。

五、新西兰学校家长组织的设立体现了民主

家长组织为家长、看护人、教师、学校和社区提供了一条重要的联系渠道。家长组织提供的这条渠道有助于家长反映他们所关心的问题，有些家长组织还可以帮助学校募捐。家长组织是家长们自己建立的组织，家长们可以在一起讨论问题，并就与孩子、学校生活和学校环境有关的问题采取行动。各校家长组织的名称是不一样的，如"学校支持会""学校之友""家庭和学校"等。

新西兰家长教师协会（New Zealand Parent Teacher Association, NZPTA）是一个重要的家长组织，很多家长都是新西兰家长教师协会的成员。这是一个全国性组织，代表家长们的利益与政府和其他组织打交道。新西兰家长教师协会的目的是在家长、教师、家庭和学校之间建立更加紧密的关系，以便他们更加有效地工作，为学生提供支持，参与学校事务。

另外，新西兰法律赋予了家长择校的权利。1991年，学生入学的地域限制得以取消，家长选择成为新西兰义务教育中的一个不可或缺的部分。包括毛利人在内的所有家长，原则上都可以在所有公立学校间自由地为孩子选择希望进入的学校。由于20世纪70年代新西兰的天主教学校面临财政危机，罗马天主教和其他宗教学校以及"皇冠学校"（Crown owned School）都加入到了公立学校系统中。因此，可供家长选择的学校范围非常广泛，当时仅有3.5%的农村儿童在独立的私立学校就读。那些报名人数高于招生限额的学校，可以由学校托管委员会制定选拔政策。

第三章 CHAPTER 03
新西兰教育法律制度的结构体系

从宏观角度来说：教育活动由教育主体、教育目标、教育内容、教育手段、教育环境、教育途径六个要素构成，缺一不可。教育法亦应该围绕教育活动的要素来制定，唯有如此才能使得教育主体有法可依，主要的教育活动拥有法律依据。新西兰教育法的制定也遵守了这个规律，教育法的内容基本上都是围绕着教育要素而规定的。从新西兰历史上的四部教育法来看，基本结构包括五大部分，即受教育权与教育权、教育管理、教育实施机构的设立、学生与教师、课程与教学等。因此，本章的内容也围绕着这五大部分来展开。

第一节 受教育权和教育权

一、新西兰受教育权的相关规定

受教育权是指公民所享有的并由国家保障实现的接受教育的权利，是公民的基本权利之一。受教育权包括两个基本要素：一是公民均有上学接受教育的权利；二是国家提供教育设施、培养教师，为公民受教育创造必要机会和物质条件。如果某一个人没有受教育的机会，无法上学，其就丧失了受教育权；如果缺乏教育的物质保障或法律保障，公民的受教育权也可能落空。

(一) 国内学生免费接受初等和中等教育的权利

(1) 受教育权。如果一个人是新西兰公民，或是根据 2009 年《移民法》规定符合标准持有居民等级签证的人，或部长通过宪报公告视其为非国际学生的人，自其 15 岁生日至其 19 岁生日后的 1 月 1 日，均可获得公立学校或特许学校的免费教育。[1] 免费教育通常涵盖学费、教材和必要的所有材料，但是不包括练习册、钢笔、铅笔或任何学生消费品。

参加公立学校的权利不包括参加特定的公立学校。参加综合学校、指定的特色学校、库拉考帕帕毛利人学校以及特殊学校的权利均有限制。此处亦应有招生计划。

(2) 小学入学的限制。5 岁以下的人不得在小学入读，且年满 14 岁的人不得在下一年入学低于表格 3 中的班级等级（中等教育开始的等级）。

---

〔1〕 1989 年《教育法》第 3 条（经 2013 年《教育法修正案》第 5 条修正）和第 2 条"国际学生"的定义 [根据 2011 年《教育法修正案》第 4（3）条插入] 以及"国内学生"[经 2002 年《教育（高等教育改革）法修正法案》第 4（1）条和 2009 年《移民法》第 406 条及附表 3 修正]。该权利受到 1989 年《教育法》和 1975 年《私立学校有条件融合法》中的其他规定约束。参见"总检察长诉丹尼尔 (Daniels) 案"[2003] 2 NZLR 742（CA）。上诉法院认为，1989 年《教育法》第 3 条和第 8 条规定的免费和平等教育权并非通过法院强制执行的独立权利，而是系统规定由监察员、主计长和审计长、议会程序和国际审查为促进教育而提供的权利。该法规定可以执行的权利包括该法特别规定的权利，对这些权利制定了规则和制度，且旨在确保适度的平等，如特殊教育方面（第 9 条和第 19 条）的平等。与英国法律的比较，请参见"阿里（Ali）诉格雷学院校长和总督案"[2006] 2 All ER 457（HL）。另见"阿里诉埃塞克斯郡议会"[2010] UKSC 33；[2010] 4All ER 199。关于国际学生的入学情况以及有关费用的附属条款，已经 2011 年《教育法修正案》第 6~10 条修订。新西兰资格认证管理局（NZQA）批准为国际学生开设的课程是必需的；参见 1989 年《教育法》第 4E 条，由 2010 年《教育法修正案》（第 3 号）第 5 条插入，并经 2011 年《教育法修正案》第 11 条修正。

教育秘书认为已完成表格 2 或同等课业的人,不得继续在低于表格 3 的班级入学。教育秘书认为其未完成表格 2 或者同等课业的人,不得继续在高于表格 2 中的班级入学,除非其在上一年的 4 月 1 日前已满 13 岁。

表 3-1 新西兰教育体系

教育水平	学校/学历	起始年级	毕业年级	起始年龄	毕业年龄	学制	备注
初等	小学	1	9	6	15	8	
中学	初中					2	
高中	高中教育	10	13	15	19	2	
职业教育	技能证书					3	
高等	本科					3	
高等	硕士					2	
高等	博士					3	学术型博士

(二) 成年学生

成年学生可以入学且需交费。面向非全日制入学人士开放的夜校课程可以拒绝学生入学,除非学生已支付课程费用。

1. 函授学校

教育部长可以通过宪报公告,确定在函授学校就读幼儿园、小学和中学课程的标准。除非学校董事会确信其入学符合此类标准,或其有权享受免费教育且教育部长指示学校董事会接收他们,否则其不得在函授学校注册入学。只有当教育秘书认为此人不能在提供该级别教育和要求科目的公立学校便利入学时,才能作出此类指示。如果此类标准不再适用于该人,则此类指示取消,该人的入学资格也将被取消。如果其是外国学生、在私立学校入学、年满 16 岁且未在公立学校入学或持有豁免证书不需入学，则此类学生需向函授学校支付费用。

2. 免费夜校等

公立学校的董事会可以拒绝任何人在学校上课：①通常在正常上课时间以外举行；②向未在学校全日制的人开放，除非已支付给董事会由参加这些班的董事会决定的费用。

（三）特殊教育

有特殊教育需求的人有权与没有特殊需求的人一样在公立学校接受教育。但是，其无权从特殊学校、特殊班级、特殊诊所或特殊服务机构获得特殊教育或帮助，除非这些帮助是在教育秘书的指示下或与教育秘书达成协议。教育秘书可与家长达成协议，或指示他们在特定的公立学校、特殊学校、特殊班级或特殊诊所为孩子注册。如果家长在该指示给出的 1 个月内没有遵守，其将被认定为犯罪且一经定罪将被处以 3000 新元以下的罚款。教育秘书也可与家长达成协议，或指示其孩子应该接收特殊服务机构的教育或帮助。

（1）入学：中小学教育的平等权利。有特殊教育需求（无论是因为残疾还是其他原因）的人，具有与不需要特殊教育的人一样参加并在特许学校接受教育的权利。1989 年《教育法》第 8 条规定："平等的中小学教育权利（1）除本部分规定外，有特殊教育需要的人（因残疾或其他原因）享有相同的注册权利。在公立学校接受教育，而不是那些不接受教育的人。(2) 第（1）款没有影响或限制第二部分的效力（与第三部分有关的入学计划和学生的中止、开除和排斥）。(3) 第（1）款和第（2）款于 1990 年 1 月 1 日生效。"

（2）入学：特殊教育。尽管 1989 年《教育法》对限制小学和中学入学作出了规定，如果教育秘书和该人的父母同意以下内容，其可以就读于特许学校：21 岁以下有特殊教育需求的人，

第三章 新西兰教育法律制度的结构体系

可以在年满 14 岁的当年或者之后的任何一年，在特许学校或在复合合作学校于表格 3 中的班级入学或继续就读；21 岁以下有特殊教育需求的人，如果教育秘书认为其未完成表格 2 中或与表格 2 中等量的学业，可以在特许学校或复合合作学校里表格 2 中的班级入学或继续就读；21 岁以下有特殊教育需求的人，可在其 19 岁生日之后的 1 月 1 日或之后，于特许学校或复合合作学校里表格 2 中的班级入学或继续就读。

（3）指示的重新考虑。孩子家长可以要求教育秘书就有关特殊教育作出指示，或在教育秘书拒绝就有关特殊教育达成协议后的 1 个月内，以书面形式通知教育秘书重新考虑。[1]

直到重新考虑和确认，且如果重新确认则直到仲裁结束仲裁决定通知到此人，该指示才生效且不违法。重新考虑时，教育秘书可确认或取消一个指示；如果其取消，则可发布另外一个指示来取代。在重新考虑拒绝签署协议时，教育秘书应重新考虑此事，且可达成协议或拒绝达成协议。教育秘书必须书面通知有关家长其决定及理由。如果家长对教育秘书的决定不满，则可要求将此事提交仲裁。

1989 年《教育法》规定了任命仲裁员的程序；如果 1 个月内没有任命，则该指示将生效。

如果在仲裁听证会上，当教育秘书重新考虑时，家长提供有关孩子的证据且该证据不能提供给教育秘书，则仲裁员必须将案件交回给教育秘书重新考虑。如果家长对后来的复议决定不满，则将该事项交回仲裁员。仲裁员听取该事项之后可以确

---

〔1〕 1989 年《教育法》第 10（1）（2）条。关于与特殊教育有关的指示和协议，见第 44 段。参见"检察长诉丹尼尔斯（Daniels）案"［2003］2 NZLR 742（CA），有关本节讨论和"特殊教育"的含义。关于该法中"家长"的含义，见第 11 条第 7 款。

认教育秘书的决定，或作出任何教育秘书可以作出的其他决定。如果仲裁员确认了教育秘书的决定，则在该决定作出后的1年内，家长无权就同一个孩子要求重新仲裁。

二、教育权的种类以及新西兰教育法的基本规定

教育权与受教育权的关系是教育法调整的最普遍的关系形式。这种关系具体表现在国家、学校、社会、家庭、公民等不同的法律关系主体所享有的权利和应当履行的义务关系中。其中，教育权是法律赋予一定的主体承担教育任务或者参加教育活动的资格；受教育权是法律赋予一定的主体享受接受教育的资格。教育权与受教育权虽然同是法律赋予一定主体的资格，但两者的产生基础、性质及其在每一主体身上的行使方式和具体内容都有所不同。

（一）国家教育权的内容和新西兰教育法的相关规定

1. 国家教育权的概念和分类

国家教育权是指国家机关及其工作人员，为实现一定的教育目的，依法对教育行使的领导和管理权。国家教育权的产生是基于对教育进行必要干预的需要，是依法控制教育的结果。这种权力主要表现在国家对教育资源的掌握和控制上。通过教育权的行使，国家可以将其意志施加于一定的公民和组织，对其施加一定的影响，使其必须服从于国家的管理。因此，这种管理表现为国家的权力，这种权力是不可以放弃和转让的。为保证国家教育权的行使和制约，国家教育权在横向上一般分为教育立法权、教育行政权和教育司法权；在纵向上一般分为中央教育权和地方教育权。教育立法权是指国家机关依照法律规定，创制、修改、补充和废止规范性教育法律文件的权力。

教育行政权是指国家行政机关依照法律规定，领导和管理

教育活动的权力。在我国,《中华人民共和国教育法》规定,国务院和地方人民政府根据分级管理、分工负责的原则行使领导和管理教育工作的权力。具体分工为:中等及中等以下教育在国务院的领导下,由地方人民政府管理;高等教育由国务院和省、自治区、直辖市人民政府管理;国务院教育行政部门主管全国教育工作,统筹规划、协调管理全国的教育事业;县级以上地方人民政府教育行政部门主管本行政区域内的教育工作;县级以上各级人民政府及其他有关部门在各自的职责范围内,负责有关的教育工作。教育司法权是指国家专门机关依照法律规定,对教育案件作出裁判的权力。在我国,人民法院和人民检察院是代表国家行使司法权的专门机关,其他任何机关、任何组织、任何个人都没有这种权力。人民法院依照法律规定独立行使审判权,人民检察院依照法律规定独立行使检察权,审判权和检查权均不受行政机关、社会团体和个人的干涉。

2. 新西兰教育法的相关规定

首先,从立法的角度来看,新西兰的立法机构有广泛的立法教育权。从新西兰正式成为英国的殖民地开始,直到现在,新西兰已经制定了4部教育法,分别是1877年《教育法》、1914年《教育法》、1964年《教育法》和1989年《教育法》,以及若干的教育法修正案。由此可知,新西兰立法机构能够广泛地参与教育立法活动,具有相应的教育权。

其次,从管理的角度来看,新西兰已经形成了从中央统一管理发展到大、中、小学高度自治,依法管理的模式。中央一级仅负责制定教学大纲、提出战略目标、分配经费、责成政府机构进行日常管理等。教育部(Ministry of Education)是政府的教育主管部门。其他国家教育机构独立运作,各负其责。

(二) 学校教育权的内容和新西兰教育法的相关规定

1. 学校教育权的概念

学校教育权是指国家赋予学校为实现其办学宗旨，独立自主地进行教育教学活动的权利。学校教育权属于国家教育权的范畴。学校教育权的行使必须符合国家和社会的公共利益，不得放弃和转让，即使是以国家非财政性支出为经费来源的学校，其办学宗旨也不可以与国家和社会的公共利益相悖，不可以违背国家的法律法规。《中华人民共和国教育法》规定，学校的教育权包括：按照章程自主管理学校的权利；组织实施教育教学活动的权利；招收学生或者其他受教育者的权利；对受教育者进行学籍管理的，实施奖励或者处分的权利；对受教育者颁发相应的学业证书的权利；聘任教师及其他职工，实施奖励或者处分的权利；管理、使用本单位的设施和经费的权利；拒绝任何组织和个人对教育教学活动的非法干涉的权利；法律法规规定的其他权利。

2. 新西兰教育法的相关规定

在新西兰，学校拥有广泛的教育权，学校可以制定招生计划，并且根据招生计划拒绝一部分人的入学申请；学校董事会有责任采取一切合理措施确保学生入学，学校有权利管理学生，要求学生退学、停学。此外，学校董事会有权制定内部章程，管理学生的仪表和着装。上述规定说明新西兰的学校能够参加大量教育活动，拥有广泛的管理权。

1989 年《教育法》规定，学校董事会须履行其职责并行使权力，以确保学校的每个学生都有机会达到其最高的教育成就标准，并授权学校董事会以其认为合适的方式控制和管理学校，学校校长作为学校管理的首席执行官，在遵守成文法和新西兰一般法律规定的前提下，可以其认为合适的方式对学校进行日

第三章 新西兰教育法律制度的结构体系

常管理。学校的控制和管理,包括对学生的控制和管理,以及对学校一般纪律的管理和维护;这可延伸至为维持纪律、避免对其他学生造成伤害,可以合理方式搜查学生及其财物。[1]学生也会同意此种搜查。

(三)社会教育权的内容和新西兰教育法的相关规定

1. 社会教育权的概念

社会教育权是指来自于拥有国家教育权的机构以外的社会组织或个人,以相对自由的作为或不作为的方式对他人发出教育方面要求的权利。社会教育权主体的利益实现,需要通过义务主体与权利主体相对应的抑制性的作为或不作为的行为方式来加以保证。从这一意义上讲,社会教育权虽然属于国家教育权之外的权利,但仍然要受到国家教育权的制约。根据《中华人民共和国教育法》《中华人民共和国民办教育促进法》的规定,社会教育权包括:参与教育教学管理的权利;依法举办学校的权利;对举办学校的教师进行聘任、培训、奖励的权利;对举办学校的受教育者进行学籍管理、奖励或者处分的权利;对举办学校招收的学生,依据国家有关规定发放学历证书、结业证书或者培训证书的权利;法律法规规定的其他权利。

2. 新西兰教育法的相关规定

新西兰赋予了社会人士广泛参与教育活动的权利。例如,1877年《教育法》规定的学校董事会由学区内的7名住户组成,对于建立独立的学区等重大问题的会议学校董事会要通过广告的方式召集该地区的住户参加,学校董事会召开会议时按照少数服从多数的原则形成最终决定。1914年《教育法》规定教育委员会的代表由选举产生,包括乡(镇)区委员6人,每区选

---

[1] 参见瑞什沃思(Rishworth)和威尔士(Walsh)的教育法(新西兰法律社会研讨会,1999年10月)第65页至94页对此的讨论。

举2人。现行法律规定中小学校一律设相同名称的学校董事会（Board of Trustee），作为学校科层的最高权力组织。中小学校董事会由5位家长互选委员组成。1991年后，家长所选出之委员已不以家长为限，社会人士亦可成为委员。由此可知，新西兰的社会组织或个人具有广泛参与教育活动的权利。

（四）家庭教育权的内容和新西兰教育法的相关规定

1. 家庭教育权的概念

家庭教育权是指未成年人的父母或者其他监护人，以作为或不作为的方式对他人发出教育方面的要求的权利。家庭教育权是相对于国家教育权和社会教育权的一种特殊的教育权。根据《中华人民共和国教育法》的规定，家庭教育权包括：参与、监督学校的教育教学工作的权利；配合学校及其他教育机构，对未成年子女或者其他被监护人进行教育的权利；法律法规规定的其他权利。

2. 新西兰教育法的相关规定

家庭教育权主要通过家长或其他监护人体现出来，新西兰的家长具有较多参与教育活动的权利。例如，中小学校一律设相同名称的学校董事会（Board of Trustee），中小学校董事会由5位家长互选委员组成，虽然1991年后家长所选出之委员已不以家长为限，但很多时候都是在家长中产生的，因为家长具有关心学校发展和关注孩子成长的积极性。另外，家长们可以自己建立组织，在一起讨论问题，并就与孩子、学校生活和学校环境有关的问题采取行动。各校家长组织的名称是不一样的，如"学校支持会""学校之友""家庭和学校"等。

新西兰家长教师协会（New Zealand Parent Teacher Association，NZPTA）是一个重要的家长组织，很多家长都是新西兰家长教师协会的成员。这是一个全国性组织，代表家长们的利益与政府和其他组织打交道。新西兰家长教师协会的成立目的是在家长、教师、家庭和学校之间建立起更加紧密的关系，以便他们更加有效地工作，为学生提供支持，参与学校事务。另外，新西兰法律赋予了家长择校的权利。1991年，学生入学的地域限制被取消，家长的选择成了新西兰义务教育中不可或缺的一部分。

第二节 教育管理

教育管理就是管理者通过组织协调教育队伍，充分发挥教育人力、财力、物力等信息的作用，利用教育内部各种有利条件，高效率地实现教育管理目标的活动过程，是国家对教育系统进行组织、协调、控制的一系列活动。教育管理分为教育行政管理和学校内部管理，包括管理主体、管理客体、管理方法、管理目标、管理环境五大要素。一般的教育管理制度都应包括五大要素，只是基于立法时文字表述的原因，有些要素没有被明确地反映出来。因此，笔者在对教育管理进行介绍和分析时，仅从管理主体和管理制度两个方面进行叙述。

一、教育管理机构

（一）教育行政管理机构

前已述及，1988年以前，新西兰实行三级教育管理体制，分别为教育部（department of education）、教育委员会（education boards）和学校理事会（school committees）。与英美等分权国家相比，此时新西兰的中小学校教育行政体制具有相当明显的中央化色彩，学校制度也相当齐一化，各校间具有同质性。各校在人事和经费上的自主权仍相当有限。只有教师在课程、教学和评估上享有一定程度的自主余地。1988年以后，由于国家教育经费紧张，加之新西兰具有地方化色彩，含有极强的人民主权优先观念，中央集权常被诟病，为了充分利用资源、降低成本、提升效率、提升社区参与度，新西兰对教育机构进行了大胆的改革。

第一，调整中央教育行政机关组织与职权。将集政策决定、经费补助、政策实施及责任监督于一身、分工精细且组织庞大的教育部，改组成5个平行的中央组织，还另外成立了其他一些机构。"教育部"（Minister of Education）仍然存在，不过权力大大缩小，仅负责教育经费补助并向部长及副部长提供政策咨询。旧教育部（Department of Education）的其他权力全部被转给了新成立的机构。

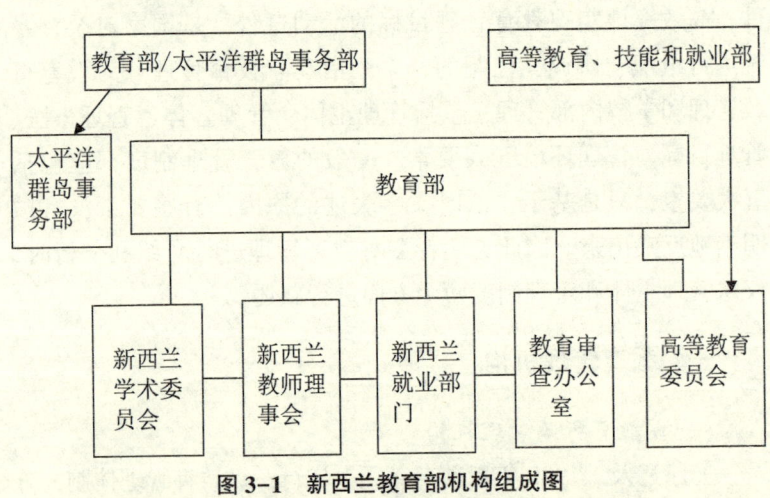

图3-1　新西兰教育部机构组成图

其次，取消中央与各校间的所有教育行政管理科层。新的制度废除了介于中、小学校与教育部间的3个教育部地区教育署及10个地方教育委员会，教育行政只剩中央与学校两个科层。换言之，学校与教育部间已完全没有中间科层的教育行政

第三章 新西兰教育法律制度的结构体系

机关存在。[1]

改革之后,教育行政管理机构有以下这些:教育部(Ministry of Education)是政府教育主管部门。其主要职能是向政府提供有关教育政策的建议,管理全国教育机构,监督教育政策的执行情况,向各类学校提供经费、确保资金的合理使用,负责制定涉及教育各个方面的方针政策、设置课程目标,此外还负责教育研究和统计。其他国家教育机构独立运作,各负其责。这些机构由教育部长任命的委员会或董事会进行管理。

1. 教育评估办公室

教育评估办公室(Education Review Office,ERO)是一个独立于教育部之外、直接由教育部长负责的教育监督部门。主要职能是:监督保证中小学校的教学质量;提供中小学和学前教育机构有关教育和托护的总结报告;管理幼儿教育执行情况;向公众发布年度报告。根据评估对象的不同,教育评估办公室所进行的评估主要分为四类:教育评估、家庭学校评估、群评估、契约评估。目前,教育评估办公室共在新西兰四个大区任命了大约 150 名评估员。

教育审查办公室的职能是审查各组织提供教育服务的方式,向部长报告并就提供教育服务组织的业绩提供咨询意见。受审查的教育服务机构是由官方拥有或运营的组织,或者持有官方授予的执照、许可证或其他官方授权否则法律禁止提供服务的组织提供的教育服务,或全部或部分由议会拨款或由法规规定或受法规规制的资金资助的教育服务。但是,仅向 16 岁以上未在公立学校注册的人提供的教育服务不受教育审查办公室的审查。

教育审查办公室的首席审查官负责管理各部门在部长指示

---

[1] 邝伟乐:"新西兰学校自主管理政策",载《外国教育研究》2002 年第 12 期。

或自行提出教育服务时的审查。审查可以是一般性的，也可以是与特定事项有关的。首席审查官还可对提供豁免上学的教育服务进行审查，并可由部长指示这样做。首席审查官还需编写报告，并就这些服务的提供向部长提出建议。

首席审查官可指定合格人员作为审查官员，以执行这些职能。审查官员为履行其职能，有权进入和检查。

2. 新西兰资格认定局

新西兰资格认证管理局（下文也称"管理局"）根据1989年《教育法》成立。管理局是2004年《官方机构法》规定的官方机构。管理局有8名~10名成员，考虑到与行业、专业、当局和提供义务教育和义务教育后教育的机构利益，由教育部长在与其认为合适的人员、当局和机构协商后任命。

新西兰资格认证管理局（New Zealand Qualification Authorities）主要负责新西兰中学和高等教育机构的学历审查。管理局制定了新西兰学历质量保证注册系统，旨在提供具有质量保证的学历审查方法。它还负责教育培训机构的注册，国际上的学位学历评估，国家证书框架下的考试（包括国家教育成绩证书 NCEA），中学、高等教育和教育培训机构的质量保证。

管理局建立了全国资格框架并制定了质量保证标准，认证体系建立在全国统一标准的基础上，每个标准都与框架体系中的一个水平对应。认证体系包括三方面：新西兰高中阶段证书、大学本科学士学位证书和研究生以上文凭等。通过学历（位）的资格认证制度，公立学校和私立学校统一了学历（位）资格标准，为培养合格人才提供了保障。此外，新西兰资格认定局还负责对提供3个月以上培训课程的私立培训机构进行注册登记，对技术学院开设的课程进行审批和授权。

（1）资格管理局的职能。新西兰资格认证管理局有几项职

第三章 新西兰教育法律制度的结构体系

能,用以开展对机构、课程或培训计划以及资格的批准。

关于资格,管理局应监督中等和高等教育资格标准的制定;监督、审查并向部长提供有关中级和高等资格标准的建议;维护资格框架和评估标准目录;制定授权管理局制定的不违反1989年《教育法》的规则。[1]

关于课程或培训计划,管理局应确保有机制保证提供具有国家一致性的课程或培训计划的相关学校和高等教育提供者,在管理局看来,具有公平、公正和一致的评估和审核程序,并符合适当标准;促进和监督机构课程的批准和审核程序。

除这些职能外,管理局还在维持新西兰资格和课程或培训计划与海外的可比性方面发挥作用。具体来说是:通过进行考试和评估协助海外政府和这些政府机构;批准课程和培训计划;授予提供经批准计划的认证;协助政府和机构开展和进行考试,并发展和授予奖励;与海外认证和验证机构保持有效联系,以确认在新西兰的海外教育和职业资格,并在海外获得新西兰教育和职业资格认证;确保学前教育和职业资格保持国际可比性。

根据法规,管理局也可获得其他职能。管理局可为其履行职能而酌情咨询任何人员、当局和机构。此外,管理局还有进一步承认人们进入大学的职能。

(2)资格认证管理局同意使用"大学""教育学院""理工学院""教育机构"或"学位"等术语。任何人都可向管理局申请同意授予被称为学位或包括"学士""硕士"或"博士"一词的奖励,或授予被称为研究生资格的奖励,例如研究生证

---

[1] 1989年《教育法》第246A(1)(a)~(e)条;第20部分(第246至256G条)由2011年《教育法修正案》第38条取代。关于管理局在批准机构中的作用,见第188段。

书或文凭。管理局对此申请可批准或拒绝同意。

除非管理局认为奖励表彰了完成主要由从事研究和学习的人员教授，并强调一般原则和基本知识作为自我指导工作和学习基础的高级课程，否则不得同意授予学位奖励。管理局不得拒绝同意使用任何特定条款或授予或其名称或描述包括任何特定字样的裁决，除非以合理理由认为应该这样做。

注册机构可以向教育部长申请同意使用"大学""教育学院""理工学院"或"技术学院"等术语来描述注册机构（establishmen），其并非是机构（institution）。部长可以审计任何一个同意使用其中一个术语以持续遵守同意使用该术语要求的注册机构。如果部长不认为一个注册机构继续遵守同意其使用的术语的要求，可以撤销同意；或在某一特定时期内暂停同意，暂停到期时部长必须解除暂停或撤销同意。

3. 高等教育委员会

高等教育委员会（Tertiary Education Commission）始建于 2003 年，根据 1989 年《教育法》规定的作用和职责开展工作，主要负责管理政府每年为高等教育拨付的 30 亿新元经费。主要作用是向政府提供高等教育发展建议和策略，检查高等教育策略及其有关项目的实施情况，根据高等教育策略的要求负责向所有提供高等教育的大学和理工学院以及部分私立培训机构拨款。高等教育委员会的行政长官拥有与理工学院有关的特殊权力。[1]

---

[1] 1989 年《教育法》第 222A 条和第 222B 条，经 2009 年《教育（理工学院）法修正案》第 15 条插入。根据这些规定，如果有合理理由认为有必要或其学生的教育表现面临风险，首席执行官可以要求理工学院获得专家帮助，并制定绩效改进计划。此外，如果部长有合理理由认为理工学院的运作或长期可行性有严肃状况，可以任命一名官方管理人员。第 222C 条，经 2009 年《教育（理工学院）法修正案》第 15 条插入。此种干预可由理工学院自愿要求。第 222F 条，经 2009 年《教育（理工学院）法修正案》第 15 条插入。

高等教育委员会是由官方拥有的官方机构。该委员会必须由至少 6 名成员组成，但不得超过 9 名。在与毛利人事务部长协商后，根据 2004 年《官方机构法》任命成员。该委员会不得就其提供的任何商品和服务收取商业费用，除非部长已批准。

4. 新西兰教师委员会

新西兰教师委员会（New Zealand Teachers Council）主要负责全国幼儿早期教育、中小学教师资格注册认证，审核初任教师培训课程，开展相关科研，通过其法定职能促进教师的职业发展和高质量教学。新西兰重视师资培养，强调教师的资历和专业的标准。担任幼儿早期教育、中小学的教师必须是本科毕业并经过教师教育培训的人。教师首先要符合上述标准的要求并经过 2 年实习合格才能够成为注册教师，每 5 年要重新申请和审核才能重新颁发注册教师证书。

5. 大学校长委员会

大学校长委员会（Universities New Zealand）是大学间联盟的秘书处，由新西兰 8 所大学校长组成并轮值担任主席。它的主要职责是代表 8 所大学协调和政府的关系，保障大学的权益和权利，同时也监督大学的运作。大学校长委员会的作用有：为政府在科技教育等领域提供意见和建议，建立大学课程批准和监管机制，负责保障 8 所大学的教学质量，向学生提供奖学金、颁发学历学位证书等。它需要每年向议会提交年度报告，并向公众出版发行。

6. 新西兰教育国际推广局

新西兰教育国际推广局（Education New Zealand）。2011 年，新西兰政府为加强教育国际推广，在原有新西兰教育国际推广局的基础上加强了政府支持，强化了其政府职能，特别是加强了其在教育国际推广方面协调（包括新教育部在内的）政府部门的功能。该局的工作人员来自新教育部、外交部、新西兰资格认证管理局以及其他商贸领域的领导。重组的新西兰教育国际推广局的主要职能是：与院校、其他教育机构共同向海外推广新西兰教育，包括吸引国际学生来新留学，向海外推广新西兰教育和培训服务；与其他教育机构共同管理与国际教育有关的各项活动；研究国际教育市场和营销战略；管理国际教育项目；为国际学生提供在新学习和生活的有关信息；等等。

7. 教育委员会

新西兰奥特罗阿（Aotearoa）教育委员会是一个具有永久继承性的法人团体，能够持有不动产和个人财产、起诉和被起诉以及在其他方面执行和承受所有公司可合法执行和承受的事务。教育委员会的成立目的是通过提高专业地位，确保在以英语和毛利语为媒介的幼儿学校、小学、初中和高中就读的儿童和青少年能够得到安全和高质量的教育。教育委员会由责任部长任命的9名成员组成；至少5名成员须是根据1989年《教育法》注册为教师的人且持有执业证书，至少5名成员须是由部长根据宪报公告公布教育委员会职位空缺后提名任命的。部长须以书面通知的形式指定其中1名成员担任主席并注明生效日期。任何会议上提出的所有问题，均必须由主席表决并由出席委员会的多数成员决定。教育委员会可指任委员会，就其职能和权力相关事宜向委员会提出建议。该法规定了教育委员会的集体职责以及成员的个人职责，并规定了利益冲突。

教育委员会具有以下职能：为教师和教育专业提供指导；提高教师和教育领导者的地位；确定和传播教学和领导方面的最佳做法，并根据研究结果以及社会和技术变化的证据促进教育专业的持续发展；履行1989年《教育法》规定的教师注册的职能；根据教育委员会认为必要或可取的法令，制定和维持教师注册标准；建立和维持达成教师注册的资格标准；与质量保

第三章　新西兰教育法律制度的结构体系

证机构一起批准教师教育计划；建立并保持正进行的实践标准和颁发各种执业证书的标准；确保专业人员对颁发和更新执业证书的评估达到合理和一致标准，对每年颁发或续签的执业证书中的至少10%进行审核和评估；根据该法建立和维护教师行为准则；监督和执行法案有关教师注册和教育委员会的规定中与强制性报告有关的要求；根据该法履行关于教师不当行为和教师犯罪报告的纪律职能；制定报告严重不当行为和报告能力问题的标准；履行该法有关教师能力的职能；协调警方对所有教师进行审查的制度；履行该法或其他法律赋予的任何其他职能。教育委员会在履行其职能和行使权力时，必须依照自然正义的规则行事。为了确定教育委员会是否遵守或已遵守关于教师注册和教育委员会的法令条款，负责管理立法的部长可对教育委员会职能进行独立审计。

教育委员会可以任命一位行政长官和其认为有必要的其他职员，以有效地履行其职能；其任命的人员不得是教育委员会的成员。教育委员会可就其运作的特定方面或其认为合适的特定问题而设立咨询委员会。教育委员会可以通过宪报公告确定各种费用，并可收取其确定的固定费用。教育委员会也可以根据其职能收取任何商品或服务的费用。教育委员会可书面通知管理机构，要求管理机构在规定的时间内，向教育委员会提供通知所规定的信息，管理机构必须在此时间内以书面形式向教育委员会提供所需信息，这些信息对于教育委员会来说必须是合理、必要或适宜的，以便其适当管理该法关于教师注册和教育委员会的规定。教育委员会拥有该法赋予的其他权力或其履行职能的合理必要权力。

教育委员会必须建立一套协调警察审查、教师注册和执业证书发放及有限教学权授予的制度。[1]

8. 新西兰职业局

根据1989年《教育法》的规定，该服务机构最初作为职业服务机构设立，现已更名为新西兰职业局。新西兰职业局是依2004年《官方机构法》成立的官方机构。

该服务机构具有以下法定职能：建立和维护有关职业和义务后的教育和培训信息数据库；向公众和机构、私人培训机构、学生和其他利益相关机构和个人提供信息；为职业建议提供者提供培训和协助，并提供有关义务后教育和培训的职业建议和相关咨询；跟进和监测机构、私人培训机构、学生、其他机构和个人等在有关职业和职业咨询以及义务后教育和培训等方面的信息、培训和咨询的需求；为促进过渡教育发展提供支持服务，为学生就业或进一步教育和培训做好准备。

在履行这些职能时，该服务机构必须遵守其意向声明。

该服务机构由董事会管理，董事会由1名主席和6名成员组成。董事会有责任确保服务机构维护的数据库经过充分研究且得到了准确并及时更新；尽可能广泛宣传它在对待所有机构、私人培训机构、学生和其他机构及个人的公平基础上，向所有人提供这些服务；灵活应对个人和社区的需求。

（二）学校内部管理机构

1. 学校董事会

中小学校一律设相同名称的学校董事会（Board of Trustee），取代原中学的校管会和小学的校务委员会，并扩大其权责，使之成为学校科层的最高权力组织。中小学校董事会包括5位家

---

[1] 教育委员会必须制定内部程序处理基于自身目的的要求的警方搜查，特别是必须确定教育委员会向其发送警方审查结果的人员或办公室负责人，并确保警方的审查被严格保密。1989年《教育法》第413（3）条。

长互选委员（1991年后，家长所选出之委员已不以家长为限）、1位校内教师互选委员、校长，以及由这些委员们所共同选出之委员，至多不超过4位，目的在于使各种专业人士有机会参与学校董事会，或反映学校董事会在性别、族群和阶级上的均衡，以提升决策权力的公平性。在中学，学校董事会须另增一席学生互选委员。

学校董事会的权责包括：研订学校发展政策及其实施计划，根据发展计划代表社区与教育部签订办学合同（Charter），监督学校依合同办学，分配并管理学校预算，聘任与罢免包括校长在内的教职员工，维持学校土地及建筑设备，根据教育部颁订之国家课程架构实施校内课程，向教育部提报学校年度经费决算报告。

校长及教职员工之聘任与罢免乃学校董事会之权责，唯学校董事会可将大部分教职员工的聘任、罢免及考核授权校长处理，再由学校董事会核定。在教师薪金方面，原先政府的改革架构是先计算全国教师的平均薪金，再以此平均数为基础，依公式及学校学生数算出各校的人事费用额度，每年拨交各校运用以聘任教师。这可能造成学校倾向于聘低薪教师，进而导致压低教师的薪额。此举招致了教师团体的强烈抗议，最后政府改弦易辙，教师薪金仍维持旧制，由政府与教师团体协商订定各级教师薪级表，且大多数学校之教师薪金仍由中央支付，不纳入学校自主管理经费的范围。

2. 校长

在新西兰，校长的职责就是实施学校《章程》，校长必须对《章程》负责。为此，校长必须与学校董事会签订协议。校长是整个学校的责任人，负责经营管理学校。其有权聘任学校的其他领导，并负责对他们的工作进行评估，其依法执行这些权力，并定期向学校董事会通报学校的工作。其必须把学校的质量搞上去。

近年来,新西兰允许学生择校,政府在办学规模上只进行适当的控制,并根据学校的学生数下拨经费。一所学校的质量不高自然会影响生源。新西兰评价一所学校,除了要看一所学校的升学率外,还要看一所学校的入学率。质量不高,学生就少,一所学校的学生数达不到一定的规模,政府就会毫不留情地予以停办。[1]

二、教育管理制度

教育管理制度是一个国家在一定的政治、经济和文化制度基础上建立起来的对教育事业进行组织管理的各项制度的总和。教育管理制度是整个教育体制得以构成和运行的保障,它对学校教育管理制度改革和发展的方向、速度、规模有直接的影响。它涉及教育系统的机构设置、职责范围、隶属关系、权力划分和运行机制等方面,外延包括以教育领导体制、办学体制和投资体制为核心的一系列教育制度。新西兰的教育管理制度较为全面和发达,具体而言主要包括以下几个方面:

(一) 强制入学制度

1. 上学的义务

除非其是国际学生,否则 6 岁至 16 岁的学生必须在一所注册学校入学。但是,如果离学校的步行距离超过 3 公里则 6 岁学生可不必入学。在学校注册的学生必须在开学时上学。参加中等专业课程的学生只需在特定时间上学。如果一个学生在学校超过 4 个小时,则视为上过学。

学校董事会和特许学校的主办方有责任采取一切合理措施确保其学生上学。他们可雇用出勤官员,出勤官员可以在出示任职证据后扣留 5 岁至 15 岁的人并询问他们,如果认为该人没

---

[1] 程晋宽:"新西兰的中小学管理",载《教书育人》2008 年第 23 期。

第三章　新西兰教育法律制度的结构体系

有充分理由不上学,则可将该人带回家或带回该人入学的学校。警察也有此种权力。

受影响的学生必须在其现行时间表每天的整个时间段上学。运行复合时间表的学校董事会或主办方必须采取一切合理措施,确保受影响的学生在其现行时间表每天的整个时间段(或多个时间段)都可以上学。

根据1989年《儿童、青少年及其家庭法》管理部门首席执行官的建议,教育秘书可以指示公立学校的董事会在该校招收18岁以下的特定学生。这样的指示超越了学校现行招生计划的规定,教育秘书需采取合理措施与学生的父母、学校董事会、行政长官和其他合适的人员进行协商。

学校校长需按照教育秘书在宪报公告中列举的规则保留招生记录,当学生离校时,必须采取一切合理步骤将该生的招生记录发送给其新学校。

2. 违法

如果学生被要求入学而未入学,则其父母将被处以最高3000新元的罚款。被要求上学或在函授学校就读但不参加本课程所要求课业量的学生父母可能会被处以最高每个上学日30新元的罚款。但是,第一次违法的罚款不得超过300新元,第二次或以后的罚款不得超过3000新元。干扰或阻碍出勤官员属违法行为,最高可处罚款1000新元。

违法行为由地区法院处理。证明学生入学或上学的义务由学生父母承担。

3. 16岁以下儿童的雇佣

雇用16岁以下人员,在以下几种情况下构成犯罪:在上课时间内;在学生正参加中学-大专课程的情况下,该工作将干扰该学生参加该课程;在学生就读函授学校的情况下,该工作将干扰其就读课程；在学生获得豁免证明的情况下，该工作将干扰其定期接受注册学校的教育；妨碍或干扰上学；如果是参与学生，将干扰其接受中学-大专课程；如果是函授学校学生，将干扰其就读课程，除非已向雇主提供豁免证书（或其他可能证明该人可以免于入学的证据）。[1]

此类违法由地区法院处理。证明学生入学、上学或免于入学的义务由学生父母承担。

(二) 学生在校期间的管理

1. 退学、停学、禁止入校和开除[2]

公立学校管理学生的权力来源于有关父母身份的普通法原则和1989年《教育法》。该法包含了有关退学、停学、禁止入校和开除的特别规定，也有一般规定。学校董事会须履行其职责并行使权力，以确保学校的每个学生可以获得其最高的教育成就。学校董事会有权控制和管理其认为合适的学校，并可为此制定任何其认为必要或合适的规定。校长有权根据学校董事会总体政策方针进行学校的日常管理。

(1) 因健康原因禁止学生入校。公立学校校长有合理理由认为学生不够干净，或者可能患有传染病，其可阻止该学生上学。[3]禁止入校后，如果该学生在20岁以下，则校长须作出合理努力通知学校董事会、该学生或者该学生家长，告知其该学

---

[1] 1989年《教育法》第30 (1) 条，经2010年《教育法修正案》（第3号）第8条修订。任何人作为父母，准许其子女违反第 (1) 款而受雇用，或雇用违反规定的人，一经定罪，可处罚款不超过1000新元：1989年《教育法》第30 (2) 条。

[2] 英文：standing-down, suspension, exclusion, and expulsion.

[3] 1989年《教育法》第19 (1) (a) 及 (b) 条。1998年《教育法修正案》（第2号）第9条用"排除"(exclude) 一词取代了"排除"(preclude) 一词。"传染病"的含义与1956年《健康法》相同，包括任何传染性疾病、肺结核、性病和总督在该法规定下根据议会命令宣布的任何其他传染病疾病：1956年《健康法》第2条。另见该法中"传染病"与"性病"的定义。

生已被禁止入校以及禁止入校的原因。如果因传染病禁止入校，必须通知健康医疗官员。学校董事会需调查此事，且须撤销或确认校长的决定。如果确认该决定，则在校长确信该学生足够卫生、在有传染病的情况下学校董事会收到医学证明证明该学生已经痊愈可以返回学校前，该学生不得上学。因传染病而禁止入校可成为不上学指控的抗辩理由。

（2）退学、停学、禁止入校和开除学生。1989年《教育法》和根据该法制定的规则包含了对学生予以退学、停学和开除的规定。这些规定旨在为不同程度的严重情况提供一系列适当回应，尽量减少对学生上学的干扰，并在适当的情况下方便学生返回学校，并确保个案处理符合自然正义原则。

如果满足以下条件，公立学校的校长可责令学生退学、停学：学生的严重不当行为或持续不服从行为是学校其他学生的不良或危险榜样；如果该学生未被退学或停学，其他学生将因其行为受到严重损害。

严重不当行为是指最严重的情况，其性质足够严重到将学生永远赶出学校，尽管这可能会对该学生造成一定损害。一项行为是否构成严重不当行为，取决于该行为的所有情况，且不能由学校规则或惯例预先确定。校长的意见可能是主观的，但学校董事会作出的决定则是客观的。

停学期间是指在一个学期内总计不超过5个上学日的特定时期，或者一年之内不超过10个上学日。校长可在到期之前解除停学。当学生被退学或停学时，学生不被允许上学，除非学生父母要求允许学生上学且校长认为该请求是合理的，或者允许其上学接受指导和辅导。如果学生在20岁以下，退学或停学之后校长须立即告知教育部长和学生家长针对该学生作出的决定及其原因，且在停学的情况下须向学校董事会提供包含所有信息的书面报告。

（3）停学。16岁以下学生和16岁及以上学生的停学适用不同规定。在个案中，学校董事会必须允许学生、学生家长及其代表出席至少一次董事会议进行陈述，且在作出进一步决定之前考虑他们的意见。学校董事会必须在停学后尽快书面告知该学生及其家长停学会议的时间和地点，以及学校董事会在会议中处理停学事宜的法定方式。学校董事会需就其决定达成协议，且书面记录其决定及其理由。此外，条例还规定了停学会议的休会及其他事项。

学校董事会可无条件或依据合理理由在到期之前解除停学，或者出于合理的理由延长停学期间。如果延长停学，则必须有合理理由且目的为便利学生返校。应采取合理措施促进学生返校。如果不遵守施加的条件，校长可要求学校董事会重新考虑其决定。如果学校董事会未就停学采取任何措施，则该决定在停学后的第7个上学日停止生效，如果停学是在学期末的7天内，则在11天之后生效。

对于16岁以下的学生，如果情况严重，学校董事会可以延长停学期间及要求该学生在另外一所学校入学，进而开除该学生。对于16岁及以上的学生，学校董事会可直接开除该学生。

（4）16岁以下学生的禁止入校。在需对16岁以下停学学生采取措施时，学校董事会可考虑作出最严肃的处理——开除学生。如果需要开除学生，则校长必须尝试并安排该学生在其可合理、便利参加的学校上学。如果校长不能履行该职能，则应通知教育秘书采取有关的步骤措施。教育秘书应立即指导该学生在函授学校入学、安排该生在另一所学校（非综合学校）上学、安排该生在特许学校上学或指示学校董事会控制的另一所学校接收该生，或者如果确信该生适合返回学校则解除禁止。在解除禁止或指示学生在另一所学校入学前，教育秘书须尽一切努力咨询该学生的父母、该学生本人、学校董事会，以及对该学生的教育或福利感兴趣、能提供建议或帮助的任何其他个人或组织。同样，在解除禁止或指示学生在特许学校入学前，教育秘书须尽一切努力咨询该学生、主办方以及在教育秘书看来对该学生的教育或福利感兴趣、能提供帮助或建议的其他个人或组织。

（5）有关退学和停学的一般事项。如果学生被退学或停学，校长需采取一切合理措施确保在任何情况下，学生都将得到合理、可行的指导和咨询；如果停学是根据情况作出的，校长应采取一切合理措施为该生提供合适的教育计划，以便学生重返学校，并尽量减少学生不上学时出现的不利教育情况。学校董事会需监督学生在计划中的进展，并接收有关此事的书面报告。应向学生和学生家长提供该报告的副本。

如果学生因其行为被警告，且因其年龄可能被开除，该警告应提示学生注意其风险以及（如果相关的话）以"持续不服从"为由的停学。

1989年《教育法》关于停学、排除和开除的规定是基于保护儿童的目的而设计的，不应为了行政或纪律效率或确定性的需要而牺牲该目的。因此，即使存在停学的理由，校长也须考虑是否在任何情况下停学都是必要的。亦有关于停学对学校注册影响的相关规定。

2. 校服和学生仪表管理

学校董事会有权制定内部章程，管理学生的仪表和着装，[1]但章程必须合理。在确定章程的有效性时，法院将推定学校董

---

〔1〕 参见1989年《教育法》第72条，它赋予了学校董事会制定他们认为对学校管理和控制而言必要的章程的权力，并参见"爱德华兹（Edwards）诉Onehunga高中董事会案"[1974] 2 NZLR 238（CA）at 242。大多数中学都为所有或部分学生提供校服。

事会在权力范围内行事。上诉法院认为，学校董事会可以就男生头发的长度作出规定，指出没有证据证明该规定对于学校的管理和控制是不必要或不可取的。

自 1990 年《新西兰权利法案》颁布以来，对于校服、着装的规定（要求穿着特定风格或颜色的衣服，或禁止特定类型的衣服）或仪表要求的有效性，法院尚未作出任何决定。根据该法，每个人都享有言论自由，但须受法律规定的合理限制，这在自由和民主社会中是合理的。

3. 纪律事项的司法审查

公立学校的寄宿机构不属于学校的一部分，1989 年《教育法》关于停学和开除的规定不适用于它们。学校宿舍是一个单独的合同事项。[1]

除非涉及学生的身份或教育选择，或者法律上确认的特定权利或义务，否则高等法院不会批准司法审查的救济措施。即便如此，法院在此类事件中也应谨慎行事，并可认为教育问题是针对在国家教育指导方针背景下运作的学校董事会的教育政策问题。此种观点认为，学校管理或行政事项应在地方一级进行谈判、调解和解决。

关于学校规则有规律性推定，如无不合理证据，将被维持。学生故意挑战规则构成持续不服从或严重不当行为。但学校规则不能规定自动处罚或停学，而是须考虑个人状况和具体情况。如果学校董事会没有遵守适当程序和自然正义的规则，即使学生违反了学校规则并且停学决定是善意的，对于由此造成的损害也将给予赔偿。

---

〔1〕 "M 诉北帕默斯顿（Palmerston North）男子高中董事会案" ［1997］2 NZLR 60；该案件区分了寄宿环境中的不当行为和普通学校环境中的不当行为；终止寄宿合同并不等于停学或开除出"学校"。

第三章 新西兰教育法律制度的结构体系

4. 在学校搜查和扣押

新西兰没有明文规定学校董事会或校长有权搜查学生或其财物。一般认为,基于一般法律禁止在未经同意的情况下触摸学生及其财物的规定,以及缺乏一般法律对警察权力那样的明确规定,学校董事会或校长无权搜查。但儿童事务专员认为,根据1989年《教育法》和学校章程,学校董事会或校长有合法搜查权。但是,根据1990年《新西兰权利法案》,搜查必须以合理的方式进行,这取决于风险程度。

1989年《教育法》规定,学校董事会须履行其职责并行使权力,以确保学校的每个学生都能够达到其可能达到的最高教育成就,并授权学校董事会以其认为合适的方式控制和管理学校,学校校长作为学校管理的首席执行官,在遵守成文法和新西兰一般法律规定的前提下,可以其认为合适的方式对学校进行日常管理。学校的控制和管理,包括对学生的控制和管理,以及对学校一般纪律的管理和维护。这可延伸至为维持纪律、避免对其他学生造成伤害,可以合理方式搜查学生及其财物。学生也会同意此种搜查。

如果此种行动可由合理、负责的父母进行,则可基于父母的授权扣押。在某些情况下(比如在涉及毒品时),则由警察实施扣押更为合适。对学校财产(比如学生使用的储物柜)的搜查是合法的,尤其是在明确搜查财产的权力是使用财产的条件时。

根据1990年《新西兰权利法案》的规定,学生有权免于无理搜查和扣押。因此,搜查的决定和搜查的方式、时间均须合理。[1]任何非法搜查都可能引发损害赔偿诉讼。

[1] 关于搜查的合理性,见刑事诉讼程序第13段和一般性证据。另见瑞什沃思(Rishworth)和威尔士(Walsh)的《教育法》(新西兰法律社会研讨会,1999年10月)第65~94页的讨论。

5. 收缴和留置财物及搜查

如果教师或经授权人员有合理理由认为（或亲眼看到）学生身上或周围隐藏或其控制下的包裹或任何容器中，有可能存在危及他人安全或对学习环境造成不利影响的物品，该教师或经授权的工作人员可以要求学生出示并交出该物品。如果该物品被存储在电脑或其他电子设备上，该教师或经授权的工作人员可以要求学生出示该物品，或交出该电脑和其他电子设备。教师或经授权的工作人员既可在合理期限内留置该物品，也可在适当的情况下处理该物品。如果留置电脑或其他电子设备，则须以适当的方式予以保存。在留置期限结束时，未被处理的电脑、其他电子设备或其他物品，须退还给学生或酌情交给其他人员或机构。行使收缴或留置财物权力的教师或经授权的工作人员须遵守有关收缴和留置财物的相关规定。

如果教师或经授权的工作人员有合理理由认为学生身上或周围或其控制下的包裹或容器中有有害物品，且该教师或经授权的工作人员要求学生出示和交出该物品而遭到拒绝，则该教师或经授权的工作人员可对学生提出如下要求：脱掉外衣，除非学生在外衣之下没有其他衣服或者外衣之下只有内衣；脱掉任何帽子、手套、鞋类或袜子；交出包裹或其他容器。

教师或经授权的工作人员可以检查脱掉的任何衣物或鞋类，以及交出的包裹或其他容器。如果在搜查过程中教师或经授权的工作人员发现有害物品或可能对学习环境造成不利影响的物品，其可立即扣押。

行使对衣物和包裹或其他容器搜查权的教师或经授权的工作人员须遵守1989年《教育法》有关收缴和留置财物及搜查的有关规定。教师或经授权的工作人员须以正规、具有敏感性及符合搜查目的的方式对衣物和包裹或其他容器进行搜查，以最大限度地保护学生隐私和尊严。除非确不可行,否则搜查衣物和包裹或其他容器的教师或经授权的工作人员必须与学生是同一性别,且须有学生和另一与学生同性别的教师或经授权的工作人员在场。除非确不可行,否则对衣物和包裹或其他容器的搜查不得在除本人、另一教师或经授权的工作人员外的其他人的视野下进行。搜查衣物和包裹或其他容器的教师或经授权的工作人员,在搜查完成和保留扣押物品记录后,须尽快将脱掉的衣物或鞋类以及包裹或其他容器退还给学生。

该法中有关收缴和留置财物、衣物、包裹或其他容器的搜查规定,并不允许教师或经授权的工作人员从事以下行为:搜查学生;对学生使用武力;要求学生提供身体样本。但教师或经授权的工作人员可鼓励学生参与有关身体样本测试的自愿药物治疗项目。[1]

该法中有关收缴和留置财物、对衣物和包裹或其他容器进行搜查的规定,并不允许教师或经授权的工作人员在行使此种权力时使用犬只。此种权力不得同时对 2 名或以上学生行使,除非教师或经授权的工作人员有合理理由认为,每一位学生均携带有危害安全或对学习环境产生不利影响的物品,或其身上或周围或其控制下的包裹或其他容器中存在有害物品。

合约商不得行使有关收缴和留置财物、对衣物或其他容器进行搜查或对学生进行搜查的任何权力。但是,合约商可携带

---

[1] 第 139AAD(1)条并不限制或影响该法第 15 条和第 17 条,及 1961 年《刑法》的第 41、48、59 条;1989 年《教育法》第 139AAD(4)条。"搜查",就学生而言,包括脱衣搜查和贴身搜查。"脱衣搜查"是指进行搜查的人要求被搜查的人脱去其外层衣服、帽子、手套、鞋类或袜子等,或抬高、降低,或打开其衣服的全部或部分;"贴身搜查"是指进行搜查的人对被搜查人的身体进行拍打,无论在被搜查人衣服的外部或内部,还是将手伸入被搜查人衣服的口袋或小袋中:第 139AAD(5)条。

一只经过训练的犬只对学校进行搜查，并使用该犬只对学校财物（包括储物柜、书桌或其他供学生存储使用的容器）进行搜查。

如果学生拒绝出示或交出物品或电脑或其他电子设备，教师或经授权的工作人员可以其认为合理的方式，采取纪律措施管理该学生的行为。如果学生拒绝脱掉外衣、帽子、手套、鞋类或袜子或交出包裹或其他容器，则教师或经授权的工作人员可以其认为合理的方式，采取纪律措施管理该学生的行为。

该法中有关收缴和留置财物或对衣物和包裹或其他容器进行搜查的规定，不限制或影响对储物柜、书桌或其他供学生存储使用的容器进行搜查的权力。

教育部首席执行官须制定符合本法的相关规则，规定该法中学校董事会、校长、教师和经授权的工作人员需遵循的惯例和程序，包括但不限于以下规则：保存有关行使收缴和留置财物权利的书面记录；保存对衣物和包裹或其他容器进行搜查的书面记录；就有关收缴和留置财物、进行搜查行使权力或履行职能，规定经授权的工作人员需遵守的程序；规定可以处置物品的具体情况；规定物品和电脑及其他电子设备的存放要求；对退还物品和电脑及其他电子设备作出规定。

首席执行官必须就收缴和留置财物及进行搜查行使权力和履行职能发布指导方针。学校董事会、校长、教师和经授权工作人员必须遵守该指导方针。

（三）检查制度

公立学校和私立学校均需依据 1989 年《教育法》接受检查。教育部长可书面授权人员访问和检查注册的私立学校或公立学校。该人可以检查、复印、复制到磁盘或者打印出其有合理理由认为属于学校董事会的文件，并可以从学校带走文件。

如果文件被带走，其清单须被留在学校，且须尽快归还，除非它会影响教育部正在进行的调查。检查的权力包括获取学生的书面和录音制品以及与其进行会见和交谈。

每一个获得教育秘书授权的机构在进行检查时均需说明授权人全名、所依据的条款及其被授予的权力。该人员必须在首次进入学校处所或随后被负责人要求时向该处所或文件负责人展示以上内容。

1. 教育审查办公室的审查

注册的私立学校和公立学校受教育审查办公室的审查，教育审查办公室也可就学校向教育秘书提供报告。首席审查官可指定人员作为审查官。审查官可在任何合理时间、给出合理通知后进入学校进行检查或询问。其可要求学校提供与相关教育服务有关的文件或信息，并可复制这些文件。其可要求学校雇员或与管理人员作出或提供有关学校教育服务的陈述，且可检查学生的工作、会见学生并与他们谈话。在进入学校并在随后被要求时，审查官员必须出示指定其为审查官员的证书。

经教育秘书授权的人如果认为一所私立学校未注册，或者未按照注册名称进行运作，其可申请获得进入该处所的证明文件。该证明文件可向区域法院法官、和平法官或任何法院的书记官长或副书记官长申请。如果核准该证明文件，则其授权指定的人可在4周之内的合理时间进入并检查该处所。

2. 幼儿教育和托管中心的审查

教育审查办公室的审查职能可延伸至幼儿中心。[1]首席审查官和任何审查官员均可在给予机构合理通知后，在合理时间进入该组织的处所执行这些职能并进行检查或查询、获得文件

---

〔1〕 1989年《教育法》第324条适用于幼儿中心，因为其是教育服务机构。教育审查办公室的审查职能见第190段。

或信息，并从该组织雇用的人员或参与其管理的人员处获得陈述。他们还可以检查正在或已经提供合适服务的任何人的工作，或者与正在提供或已提供合适服务的人交谈。

只要孩子在场，儿童的父母或监护人便有权进入获许可的幼儿教育和托管中心，或者获许可的提供基于家庭的教育和托管服务的场所，除非家长或监护人有以下情况：一项法院命令，禁止一般性地或在儿童参加中心或服务的过程中靠近或接触儿童；根据1980年《非法入境法》作出警告，要求离开场地；患传染性疾病，如果传染给儿童，可能会对其产生不利影响；被该中心或服务机构负责人员认为有以下情形——在酒精或任何其他对该人的功能和行为有不利影响的物质的影响下，表现出或作出可能会妨碍该中心或服务有效运作的行为。

1989年《教育法》规定，任何获得教育秘书授权的人都可以确保根据该法制定的条款和条例或发放的许可证、证书或补助金条件得到遵守或执行，或在合理的时间通过以下方式进行审计：进入并检查任何获许可的幼儿教育和托管中心的场所，或用于获许可的提供基于家庭的教育和托管服务的场所，或获许可的提供基于医院的教育和托管服务的场所，或经过认证的游戏小组场所；检查、复印、打印或复制任何文件（无论是电子文件还是纸质文件），此类文件是其有合理理由认定为获得许可的幼儿服务机构或认证的游戏小组的文件；删除任何文件，无论是原始格式还是电子版或纸质版。

所有此类书面授权都必须包括对此特定法定条款的提及、授权人员的全名以及赋予该人员的权力声明。授权必须在首次进入房屋时向房屋的负责人或拥有、控制账簿、记录或账户的人（视情况而定）出示。同样，在随后负责人的合理要求下也必须出示。如果行使这些权力的人有合理理由相信，该场所被幼儿教育和托管中心违规使用，则可以申请获得进入该场所的搜查令。[1]

地区法院法官、和平法官、社区法官、书记官长或副书记官长可以发出搜查令，只要其认为该场所的使用违反了条例规定。获得搜查令的人可在搜查令发出日期后4周内的任何合理时间进入该处所，并确定该处所是否在被违规使用。这其中包括观察任何在场儿童的权力。

任何无合理理由而阻碍、妨碍、抵制或欺骗行使入境权的行为，均属违法。

（四）学校风险管理计划

教育部长可建立一个学校风险管理计划，以防止学校董事会遭受意外损失或财产损失，或者基于规定授权的其他目的而建立该计划。[2]总督可通过议会命令基于以下目的制定规定：①规定建立学校风险管理计划文件的法律文件形式；②界定"意外损失或损害"和法律法规规定的其他形式；③规定官方可能提供的赔偿范围，包括任何例外情形；④规定索赔的程序及其决定；⑤列出官方可从该计划下应付款项中扣除加入的学校董事会的费用种类；⑥规定该计划各方退出计划的方式；⑦规定法律文

---

〔1〕 搜查令的申请必须以书面形式向地区法院法官、和平法官、社区法官、书记官长或副书记官长提出并宣誓。有关条例，请参见1998年《教育（幼儿中心）条例》（SR 1998/85）。

〔2〕 1989年《教育法》第78D（2）条，经2010年《教育法修正案》第19条和2003年《教育（学校风险管理计划）条例》（SR 2003/39）插入。学校风险管理计划下的赔偿必须以表格形式提供，并包含根据1989年《教育法》制定条例授权的条款和条件：第78D（3）条。请注意，在根据本节建立学校风险管理计划之前，部长于1999年12月24日签署的题为"教育部－学校内容风险管理计划"的契约构成了学校风险管理计划：第78D（6）条。"参加的学校董事会"是指公立学校董事会，并包括一名代替学校董事会的委任专员。如果该参与方已经参加但经部长批准又撤回并暂时不参与学校风险管理计划，则不包括公立学校董事会或专员：1989年《教育法》第78D（1）条。以类似目的之前设立的，或1991年及其后以部长名义设立的计划，其在执行时被视为经本节授权：1989年《教育法》，第78G（1）条。

书被更改、替代或中止的方式。

学校风险管理计划生效的每一年，教育部长均必须通过宪报公告，列出参加的学校董事会需缴纳的年度费用总数或评估数额的比率。年度费用应被用于计划的管理、保险和理赔。部长可在合理通知参加的学校董事会之后的任何时候停止学校风险管理计划并指示教育秘书结束该计划。[1]

（五）学校干预措施

1989年《教育法》规定了一系列干预措施，可用来解决个别学校的运作风险或其学生的福利或教育表现。

干预可包括信息要求、专家帮助、行动计划、有限法定负责人的任命或专员的任命。教育部长或教育秘书，如果有合理理由相信学校运作或其学生的福利或教育表现存在风险，可对学校运用这些干预措施。学校董事会、综合学校的学校业主可要求进行干预。教育部长或教育秘书在决定采用何种干预措施时，必须根据风险处理作决定而不对学校事务进行超过必要限度的干涉。在要求特定干预的通知公布的1年内，教育秘书必须审查干预措施的运作情况，且之后必须每年对干预措施的运作进行审查。

（六）考勤制度

受影响的学生必须在其现行时间表规定的每天的整个时间段上学。运行复合时间表的学校董事会或主办方，必须采取一切合理措施，确保受影响的学生在其现行时间表规定的每天的整个时间段（或多个时间段）都可以上学。

根据管理1989年《儿童、青少年及其家庭法》的部门首席执行官的建议，教育秘书可以指示公立学校的董事会在该校招收18岁以下的特定学生。这样的指示超越了学校现行招生计划

---

[1] 1989年《教育法》第78D（5）条，由2001年《教育标准法》第19条插入。"教育秘书"是教育部的首席执行官：1989年《教育法》第2（1）条。

的规定。教育秘书需采取合理措施与学生的父母、学校董事会、行政长官和其他合适人员进行协商。

学校校长需按照教育秘书在宪报公告中的规则保留招生记录，当学生离校时，必须采取一切合理措施将该生的招生记录发送给其新学校。

出勤要求：6岁至16岁的孩子必须上学。家长有责任保证孩子在学校开课期间去学校上学。如果孩子无法上学，家长必须尽可能提前打电话或者留便条通知学校。学期和假期：新西兰的学校每学年有4个学期。学生有大约6周的暑期，其余学期之间会有2周的假期。第一学期从2月初开始到4月中旬结束，第二学期从4月底开始到6月底结束，第三学期从7月中旬到9月底，第四学期从10月中旬开始到12月底结束（高中到12月中旬）。

（七）报告制度

1. 财务报告

在财政年度结束后，在不迟于局长所定的日期的情况下，每一个教育委员会均须在切实可行的范围内尽快按照本条向局长发出年度报告。报告必须包括：①教育委员会的当选受托人，受委托受托人和增选受托人的姓名；②每名受托人离职的日期；③按照第87A条规定的审计员的报告；④教育委员会的年度财政报表；⑤学校用报表来分析学校表现与学校章程中规定的相关目标、目标方向，优先事项或目标之间的差异的报表。年度财务报表必须按照公认会计惯例编制，并按照第87A条的规定进行审计，并包括以下所有内容：①学校董事会于其结余日期的财务状况报表；②反映学校董事会于该财政年度的收入及开支的财务表现说明；③如果按照公认会计惯例的要求，反映学校董事会本财政年度现金流量的现金流量表；④在结算日期对学校董事会承诺的陈述；⑤截至该日的学校董事会或有负债报表；⑥会计政策声明；⑦公平反映学校董事会财务年度财务状况及其财务状况结束时所需的其他报表；⑧秘书与审计长协商确定的任何其他声明；⑨关于第1~3段要求的每项声明，以及（如果适当的话）第7段所述财政年度的预算数字；⑩就第1~3段，第4段及第5段及（如适用）第7段所要求的每项陈述而言，为上一个财政年度的实际比较数字。

2. 关于学校部门表现的报告

教育部长必须在每年不迟于9月30日的时候就12月31日前一个财政年度的学院部门的表现做出准备并向众议院提交一份报告。报告必须包括以下信息：①学校部门在产出供给方面的表现；②学校部门的管理绩效，包括学校部门的管理制度和教学质量，以及学校部门使用的所有资产的管理；③学校部门在教育成就方面的有效性。报告内容必须与官方的所有学校有关；可能与其他学校有关。

3. 撤销注册的强制性报告

在下列情况下，新西兰奥特罗阿（Aotearoa）教育委员会必须取消其教师注册：有合理理由确定该教师不再符合注册要求；有合理理由确信其注册是由错误或诈骗取得的；在对严重不当行为指控或对投诉评估教育委员会转交的事宜进行聆讯后，纪律审裁处已命令撤销注册。[1]

---

〔1〕 1989年《教育法》第348条（"教育委员会"）和第357（1）条；法案的第10部分（第120~139条）关于教师注册的内容，已被2015年《教育法修正案》第6条废除，并由该修正案第40条插入的新第31部分（第348至375条）取代。关于纪律审裁处和投诉评估委员会见第128D段。教育委员会的职能和权力，见第128B段。关于并行就业法院和教师注册董事会（现在被教育委员会取代）诉讼，请参阅理"查德森（Richardson）诉教师注册委员会案"（惠灵顿高等法院，CP 135/99，1999年6月11日，埃利斯J）。在这种情况下，法院认为，首要问题是教师照顾孩子的安全。请注意，1989年《教育法》第31部分的教师注册规定不适用于库拉考帕帕毛利人，但根据2001年《教育标准法》制定的规定除外：2001年《教育标准法》第69条。

第三章 新西兰教育法律制度的结构体系

教育委员会必须采取一切合理步骤,确保该人被告知建议撤销的理由,并必须给予其合理的机会提出意见,亲自或由律师或其他代表听取意见。撤销并不妨碍教师再次注册。教育委员会必须采取一切合理措施,确保雇主了解并可在其网站公布注册被取消的每个人的姓名。

如果教育委员会收到要求注销的人的书面请求,则必须撤销其注册,且教育委员会需确信该人不是1989年《教育法》调查的对象。

每个法院的书记官长必须向教育委员会报告其认为是或曾经是教师的人犯可处监禁3个月或以上的罪行,法院另有明文规定的除外。

雇主因任何原因解雇教师,必须立即向教育委员会报告。如果教师辞职或其定期任职期满,亦需立即向教育委员会报告,且在过去的12个月内,雇主已经告知该教师对其行为或能力的不满或欲进行调查的意图。[1]此外,教师的前雇主如果在该教师受聘时收到过关于该教师行为或能力的投诉,则必须在教师不再受聘后的12个月内立即向教育委员会报告。[2]

如果有理由相信教师犯有严重的不当行为,教师的雇主必须立即向教育委员会报告。最后,如果认为尽管对教师进行了胜任程序,教师仍未达到所需的能力水平,教师的雇主必须立

---

〔1〕 每份报告都必须以书面形式提出,如果是解雇报告,则必须包括解雇的原因;如果是辞职或期满,则必须包括对行为或能力问题的描述,并报告其对这些问题采取了何种行动(如果有的话):第392(3)条。

〔2〕 每一份此类报告都必须以书面形式提出,并且如果是口头投诉,则必须包括对被投诉的教师行为或能力方面的描述;如果是书面投诉,则包括投诉副本以及雇主对所投诉的事项采取了何种行动(如果有的话):第393(2)条。

即向教育委员会报告。[1]

4. 行为守则、规则制定和报告

教育委员会必须在切实可行的情况下，尽快制定并保持对持执业证书的教师和有限教学权人具有约束力的教师行为准则。此外，教育委员会必须制定以下规则：[2]

投诉评估委员会负责调查对教师的不当行为和对教师犯罪报告的投诉；履行1989年《教育法》赋予的职能或行使教育委员会授予的权力；纪律审裁处，就个别教师的不当行为和犯罪举行听证会，并行使根据该法赋予的权力；纪律部门的措施和程序；教育委员会处理根据该法案强制性报告条文收到报告的程序；有关警方审查的程序，特别是受审查人的权利。

教育委员会也可基于执行其职能的其他目的制定规则。其一般可以将其权力（除授权权外）酌情下放，但1989年《教育法》规定了对某些可授权权力的限制。

教育委员会必须向众议院提交一份关于其业务的年度报告，包括但不限于经审计的财务报表，至少每3年与教师、政府和公众协商一次，发布一份报告阐明其未来5年的战略方向。

第三节　教育实施机构

教育机构是指进行各种教育工作的场所和教育管理机关。狭义指各级各类学校。广义指：①各种类型和程度的学校（如

---

〔1〕 每份报告者都必须采用书面形式，包括对导致该报告的能力问题的描述，并包括雇主对所投诉事项采取的行动（如果有的话）：第395（2）条。

〔2〕 在制定规则（及其修正案）时，教育委员会必须采取一切合理步骤，与受规则影响者进行协商：第388（3）条。就2012年《立法法》而言，此类规则是不被允许的文书，但非立法文书，且须根据该法第41条提交众议院：第388（5）条。

第三章 新西兰教育法律制度的结构体系

普通学校和专业学校);②学前教育机构(如托儿所、幼儿园);③校外教育机构(如少年宫、辅导站);④成人教育机构(函授学院、电视大学、广播大学、成人自学考试站等);⑤各级教育行政机关(教育部、教育厅、教育局、教育科等);⑥教育研究机构。[1] 依据不同主体所从事的活动,教育机构可以被划分为教育实施机构、教育管理机构和教育研究机构。上一节介绍和分析了教育管理机构,本节将重点介绍和分析教育实施机构的设立,即幼教机构的设立和学校的设立。

学校(School),是指教育者有计划、有组织地对受教育者进行系统的教育活动的组织机构。学校是在社会生产力发展到一定程度,出现了社会分工和剩余产品,文字发展比较成熟之后产生的。通常认为,其产生于奴隶社会初期,由非专门教育机构逐渐演变为培养人的主要场所。随着社会的进步和发展,学校教育得以逐步完善。学校按水平可被分为初等学校、中等学校、高等学校,按性质可被分为普通学校、职业学校和各种专门学校。[2]

学校教育是由专职人员和专门机构承担的有目的、有系统、有组织、有计划的,以影响受教育学校教育者的身心发展为直接目标并最终使受教育者的身心发展达到预定目的的社会活动。学校教育指受教育者在各类学校内所接受的各种教育活动,是教育制度的重要组成部分。学校教育的具体活动受到社会需求影响,必须符合社会发展趋势,承担着为社会输送人才的职能。一般说来,学校教育包括初等教育、中等教育和高等教育。学校主要分为五种:幼儿园、小学、初中、高中和大学。

学校教育与社会教育和家庭教育的区别十分明显,具有职

---

[1] 参见顾明远主编:《教育大辞典》,上海教育出版社1998年版。
[2] 参见顾明远主编:《教育大辞典》,上海教育出版社1998年版。

能的专门性、组织的严密性、作用的全面性、内容的系统性、手段的有效性以及形式的稳定性等特点。学校教育是个人一生中所受教育最重要的组成部分，个人在学校里接受计划性的指导，系统地学习文化知识、社会规范、道德准则和价值观念。学校教育从某种意义上讲，决定着个人社会化的水平和性质，是个体社会化的重要基地。新西兰历来重视学校教育，欧洲人在新西兰建立殖民地期间，就曾设立学校实行学校教育。经过一百多年的发展，新西兰设立了适应不同教育的各式各样的学校。

一、学前教育机构

（一）提供学前教育的组织

有许多不同的组织和许多类型的组织为6岁以下的儿童提供学前教育，这些儿童不被要求在校学习或不在校学习。目前有以下三类主要组织：雇佣注册教师的免费幼儿园；强调父母参与的游戏中心；强调毛利语教学的幼儿园（kohanga reo）。

法定条款和条例规定了幼儿中心的许可，并向被特许的人提供资金和贷款，同时也向安排家庭托儿服务的特许护理安排者提供资金和贷款。

学前教育没有法定的权利，并可对儿童就读进行收费。对于幼儿园的入学费用国家有具体规定，不管他们是否被描述为免费幼儿园。在幼儿托管中心就读的儿童的父母或监护人，在其孩子在场时有权进入中心，除非其已被法律禁止。

最初被称为幼儿发展单位的法人团体，后来称作幼儿发展委员会，其职能是促进、鼓励发展和提供高质量的、可获得的和适于文化的教育和发展设施，以保障未在小学入学的儿童的利益。学校董事会被解散，其所有的资产、负债和权利都归官方所有。教育审查办公室、教育部长和教育秘书在学前教育领

第三章 新西兰教育法律制度的结构体系

域负有法定责任。专业教育服务机构的职能包括为学龄前学习和发展困难的人提供咨询、指导和支持。

（二）幼儿教育和托管中心的许可

用作幼儿和托管中心的场所必须领有执照。"幼儿教育和托管中心"，是指经常用于当天或部分时间教育或照顾3个及以上6岁以下儿童的场所（除提供护理的人员之子女，或在学校上学的儿童在上学之前或之后接受的教育或照顾以外），但不得持续超过7天。[1]

以下情况属于违法行为：无照经营幼儿教育和托管中心；在没有紧急情况时，未事先告知教育秘书其将停止运营许可经营的中心；在出现紧急情况时，未在关闭许可经营的中心后及时告知教育秘书该关闭情况。

未经许可的经营中心之管理层每天或当天部分时间违规，可能被处以最高200新元的罚款；许可经营的中心停止运行将被罚款最高200新元。

根据1989年《教育法》可以制定有关幼儿教育和托管中心许可的规定，并以此规定发放许可证的费用，以及其他各种事宜，包括申请许可证、颁发许可证（包括临时许可证），暂停和取消许可证以及修改许可证。可针对教育秘书根据规定作出决定所影响到的任何人向民事管辖区地区法院提出上诉而作出规定。规定内容包括幼儿中心的健康和安全标准、课程管理和人员配置标准。

根据规定，被许可的幼儿中心人员有此种义务，即如果其

---

[1] 1989年《教育法》第310（1）条有关于"幼儿教育和托管中心"的定义。根据此定义，第310（2）（a）~（i）条不包括这些机构：注册学校，1989年《儿童、青少年及其家庭法》规定的住所、医院以及所有在场儿童都是在家庭成员照顾下的同一家庭成员或不为酬劳和奖励的看护人员照顾下的同一家庭的成员所在的任何场所。但是，此类处所仍可能是第310（3）条规定的幼儿中心。

有合理理由怀疑工作人员或任何其他人员对儿童进行身体虐待或使儿童遭遇过单独监禁、囚禁，或剥夺食物、饮料、温暖、庇护或保护，则确保该人不能与儿童接触，必要时将禁止其进入中心。如果教育秘书有合理理由认为被许可的中心人员未能履行此项义务，或者其对儿童进行身体上的虐待或使儿童遭遇单独监禁、囚禁，或剥夺食物、饮料、温暖、庇护或保护，则有权立即暂停对该中心的许可。

与虚假陈述有关、未能或拒绝遵守教育秘书的指示或任何规定之内容等亦为违法。

（三）警方对非教学的、未注册雇员、许可的合同方和幼儿服务机构的审查

获得幼儿服务许可的服务提供者，必须接受警察对其任命或打算任用的工作人员、幼儿服务的岗位以及在正常开放时间内服务的工作人员的审查。同样，获得幼儿服务许可的机构必须接受警察对每一位合同方或合同方雇员的审查，该雇员可以或可能在机构正常开放时间内无监督地接触儿童。

该警方审查必须在该人可以或可能在机构正常开放时间无监督地接触儿童之前进行，且必须在该人开始工作之后 2 周内进行申请。申请警方审查的服务提供者必须严格遵守保密规定，且必须对有关人员采取不利措施，直到该人确认警方在审查中掌握的信息，或给出合理机会确认该信息，只是没有在合理时间内这样做。警方审查从第一次审查起必须每 3 年进行一次。[1]

（四）警方审查基于家庭的服务机构的家庭成员

获得许可的基于家庭的教育和托管服务机构必须接受警方

---

[1] 参见第 319FE（1）（2）条。进一步警方审查的要求，不适用于第 319D 条或第 319E 条规定的警方审查对象，进一步警方审查进行时，其即将被获得许可经营的幼儿服务机构任用或在机构工作，否则便会被要求进行审查：第 319FE（3）条。

对于居住在提供服务的家庭中的每个成年人的审查,且该家庭不是接受服务的儿童的家。警方审查必须在成年人出现或可能出现之前。

申请警方审查的服务提供者必须严格遵守保密规定,且必须对有关人员采取不利措施,直到其确认警方在审查中掌握的信息,或有合理机会验证该信息,但没有在合理时间内这么做。

(五) 资金

获得幼儿服务许可的服务提供者和运营认证游戏组的服务提供者的运营管理,每年均可获得一般补助金,且还可获得一项或多项酌定补助金,用于建立获许可幼儿服务机构或认证游戏组。教育部长可以确定任何补助金的数额,且可决定补助金的确定和计算方式。[1] 补助金的支付可以根据教育部长规定的书面条件进行;教育部长还可书面规定补助金的用途;如果服务提供者未能遵守1989年《教育法》或许可证或认证规定的任何条件,则补助金或其中的部分将被扣留。

教育部长可以按照其认为合适的条件或条款,向任何获得幼儿服务许可的服务提供者提供资金。如果是附条件支付的补助金,服务提供者必须确保遵守该条件;如果补助金被要求用于特定用途,服务提供者必须确保该补助金仅被用作此用途。

教育部长可依资助的目的,承认那些为尚未在公立小学入学的儿童提供教育和发展设施及服务的机构。可以向这些机构支付补助金,且可在规定其只能用于特定用途的条件下支付。

一般而言,除非获得许可,否则任何服务提供者都不得运营一家幼儿教育和服务中心。基于家庭的教育和托管服务机构或者基于医院的教育或托管服务机构,可以但不必须申请许可

---

〔1〕 1989年《教育法》第311 (2) (3) 条。但是,部长可以决定,就任何参加获幼儿服务许可的幼儿服务机构的外国学生而言,不需支付补助金;第311 (4) 条。

证。2008年12月1日之前经营免持许可证长达6年的幼儿教育和托管中心的服务提供者，可以在此之后继续从议会为此目的划拨的公共款项中获得补助金。如果在一个财政年度向一个免证中心支付补助金，教育秘书可以书面通知该中心的服务提供者，以便其向教育秘书提供通知中指定与中心有关的财务报告、统计信息或其他类似信息。免证中心的服务提供者必须采取一切合理措施，在通知中规定的时间内遵守通知要求。这些要求涵盖了实际支付补助金的财政年度和下一财政年度。

二、中小学校的设立

在新西兰成为殖民地的最初几年，提供教育设施主要是教会和私人非宗教组织所关心的问题，这些组织得到了国家基金有限的赠款的援助。根据1852年《宪法》，新西兰被重新划分为若干省，这些省通过自己的省议会负责一些问题，包括教育。从一开始，由于可供支配的资金有限，这些委员会中有许多赞成援助教派学校，而不赞成设立公立学校。然而，到了1871年，各主要省份的教育委员会均已开始建立公立学校制度。

1. 公立学校有不同的级别

小学，可能是捐助学校、全面小学或中级学校[1]（只提供初中一、二年级学生的教育）；中学或特殊学校；复合学校，提供小学和中学教育。

教育部长可以通过宪报公告指定一所不是综合小学的小学作为师范学校或示范学校。师范学校和示范学校是特指参与培训正在接受职前教师教育的学生的小学。

教育部长可以指定任何未被整合为函授学校的公立学校，

---

〔1〕译者注：intermediate schools，在英国等国，是介于小学和中学之间的学校，本书译作"中级学校"。

为不能方便地从另一所合适的公立学校获得学费的人提供学费。这将通过宪报公告的方式实现。如果教育部长决定指定或取消指定一所学校作为函授学校，其必须考虑对不能方便地从另一所适合的公立学校获得学费的人的教育。1989年《教育法》认为现有的函授学校是作为一所复合学校建立并被指定为函授学校的。

库拉考帕帕毛利人（Kura kaupapa Maori）学校是以毛利语作为主要教学语言的公立学校。教育部长可以通过宪报公告指定任何公立学校作为库拉考帕帕毛利人学校，如果其确信这一点，即如果建立一所学校，在该校有权免费入学的人中至少有21人的父母希望建立这样一所学校。其中，毛利语是主要的教学语言，学校按照"te aho matua"[1]运营，并在其章程中规定了学校的特色。教育部长还必须确信，如果建立了这种类型的学校，学生将获得一种在其他公立学校无法获得的教育。

指定的特色学校是由教育部长设立的公立学校，其教育性质与普通公立学校的性质明显不同。如果部长确信以下情况：如果学校建立，则有权免费入学的至少21人的父母希望建立该学校；父母希望学校拥有与普通公立学校不同的一种或多种特色，并且已经向教育部长提供了明确的书面描述和解释；这种特色学校的学生将获得一种与他们在普通公立学校获得的教育显著不同的教育，此种教育在任何其他可以方便参加的公立学校都不可获得；学生渴望获得指定特色学校提供的教育。教育部长可以通过宪报公告，设立并指定任何公立学校作为指定的特色学校。

特殊学校是由教育部长设立的公立学校，为那些由于身体或精神障碍或某些教育困难而需要超出普通学校通常提供的教

---

〔1〕 译者注：毛利语，"主线"的意思，具体应指主要的教学语言。

育待遇的人提供特殊教育。

2. 捐助学校

如果教育部长决定一所小学成为捐助学校，则其必须通知该小学的董事会。然后，学校董事会被要求将学校的教育限制在不高于标准四（即Form4）的级别，或者通知允许使用的表1的级别。教育部长可以规定特定级别的教育在规定时间内分阶段进行。教育部长不得在没有咨询学校董事会和其他可能受影响的学校董事会的情况下发布通知。一所综合小学不可被指定为捐助学校，除非整合协议或补充整合协议规定该学校可以被指定为捐助学校。

如果一所学校不再是捐助学校，也可采用类似程序。教育部长可以书面通知的方式要求复合学校董事会提供该通知规定的课程级别的教育。该通知可以被另一个通知撤销或修改。教育部长只有在首次咨询学校董事会和部长认为可能受到影响的其他公立学校董事会之后，才可发布通知。经过这些协商之后，教育部长可以建立或取消一所复合学校的中间部门（intermediate department），该学校不是综合学校，也不是中学的一部分。

教育部长可以通过宪报公告更改学校的级别，或者指定任何非综合学校的学校必须提供的教育水平。教育部长必须首先与有关学校董事会及其认为可能受到影响的其他公立学校董事会进行磋商。通知必须指明更改的生效日期。[1]通知可以通过以下方式进行更改：宣布一所复合学校为小学、中级学校或中学；宣布一所小学、中级学校或中学为复合学校；宣布一所中级学校为小学或中学；宣布一所小学或中学为中级学校；指定学校的班级水平并规定它们分阶段进行。

---

〔1〕 参见第153（3）条。如果在学期内发布，则日期不得早于学期结束。学校由现有的董事会控制，直到下一次年会召开前一天。

第三章 新西兰教育法律制度的结构体系

3. 私立学校

（1）私立学校的临时和完全注册。未注册或拟议的私立学校的管理人员，必须向教育部长（秘书）申请临时注册为小学、中学或特殊私立学校。如果该学校或拟议学校符合或可能符合注册为私立学校的标准，教育秘书必须给予临时注册。

如果教育秘书认为学校存在特殊情况，以及该校可能符合注册成为私立学校的标准，可以在其指定的期间内为该校的临时注册续签，但仅限一次。学校或拟议学校的临时注册将持续12个月（除非提前被撤销），或者直至教育秘书指定的任何期限届满。

注册学校的标准是指一所学校：有合适的场地；通常为9名或以上的5岁至16岁的人提供学校；有适合其学生年龄的水平、学校教授的课程及学校规模的人员配备；有适合课程教授的设备；有一个教学、学习和评估课程，并为家长传达课程及其项目规划的详细信息；有适当的学校标准；有合适的管理人员。

如果教育秘书认为一所学校是按照学校形式运作的，不论其全部或部分学生是否持有免入学证书，教育秘书均可要求该校的管理人员提出注册申请。[1]

私立学校应按照1989年《教育法》的有关规定进行审查，并将书面报告提供给教育秘书和学校管理人员。如果不符合标准，报告还必须包含有关需要改进的领域的信息。教育秘书可以对已重新进行临时注册的学校提出进一步审查的要求。根据该校的审查报告，如果教育秘书认为该校符合注册为私立学校的标准，则其必须将该临时注册的学校完全注册为相关说明的学校。

---

[1] 根据第21条授予免入学证书，见第55段。

如果注册的私立学校即将停止运营，学校的管理人员必须通知教育秘书该学校停止作为学校运营的日期。

根据 1989 年《教育法》的规定，学校管理人员未能遵守注册和其他要求的，构成犯罪。

（2）教育秘书对私立学校注册采取的措施。在以下情况下，教育秘书可以对注册的私立学校采取行动：教育秘书认为学校部分或全部不符合注册为私立学校的标准；审查表明，学校不符合或不大可能符合部分或全部注册为私立学校的标准；根据 1989 年《教育法》或任何其他成文法则，学校的管理人员违反或正在违反其有关学校的法定职责；秘书有合理理由相信学校发生了严重的犯罪活动。[1]

在以上任何情况下，教育秘书均有权采取下列一项或多项措施：向学校的管理人员发出要求遵守的通知；要求学校的管理人员通知学校的学生家长，说明学校不符合注册为私立学校的标准；对学校的注册施加条件；强制执行上述任何要求并暂停学校的注册；取消学校的注册。

此外，如果教育秘书有合理理由相信该校学生的福利可能面临风险，并且不能以任何其他切实可行的方式加以管理，可以暂停私立学校的注册。暂停一直持续，直到教育秘书认为学校的管理者已经遵守了所有的要求，或者学校的注册被取消。教育秘书采取的任何措施均必须与学校情况的严重性相称，并且不包括根据 1989 年《教育法》或任何其他成文法则施加的罚款或其他处罚。

---

〔1〕 1989 年《教育法》第 35J（1）条被 2010 年《教育法修正案》（第 3 号）第 11 条废除和取代。该条废除了第 35A~35C 条并代替了第 35A~35R 条。严重犯罪活动是指任何涉及诈骗、暴力或伤害儿童、性侵犯，或任何涉及不诚实行为的犯罪：第 2（1）条"严重犯罪活动"的定义如 2010《教育法修正案》（第 3 号）第 4 条所述。

第三章 新西兰教育法律制度的结构体系

（3）私立学校的拨款（或称补助）。可由议会动用公共资金向注册的私立学校拨款。教育部长可以决定数额以及为拨款附加条件。然后，要求学校的管理者采取一切合理措施来遵守所施加的一切条件。管理人员还有义务以部长批准的方式保存财务交易、资产、负债和资金的记录，并在任何合理的时间内向教育部的任何雇员提供这些记录并经教育秘书批准进行检查。每个财政年度结束后，在可行的情况下，管理人员均应向教育秘书提供经审计的收入和支出账户。

（4）私立学校的停学和开除。如果一个学生被私立学校停学或开除，学校的负责人或校长应当书面通知教育秘书该生的姓名和最后的已知地址以及停学或开除的具体细节。除非该学生恢复在校或在另一所学校注册入学，否则教育秘书可以安排该生在另一所合理、便利的学校就读，也可以指定一所非综合学校的公立学校董事会接收该生，或者指示家长在一所函授学校为学生办理入学。如果学生年龄小于16岁，则教育秘书必须采取合理措施咨询该学生、学生的父母、学校董事会，以及任何其认为对该生的教育或福利感兴趣或有能力提供咨询或帮助的其他人员或机构。这些规定优先于任何与学校招生合同不一致的情况。

4. 综合学校

综合学校又被称为公私结合学校（state-integrated school）。此类学校曾是私立学校，现在成了公立学校体系的一部分，按照其业主和教育部长之间达成的整合协议，提供具有特殊性质的教育。公私结合学校按照新西兰教学大纲授课，但是在教学方案中保留了自己的特色（通常是哲学或宗教信仰）。和其他公立学校一样，公私结合学校也是从政府得到依据学生人数发放的资金补贴，但是学校的建筑和土地却是私有的。因此，公私结合学校通常会向学生收取一定的费用。

"具有特殊性质的教育"是指在特定的或一般的宗教或哲学信仰的框架内进行教育，这与适于这种信仰的观念或传统有关。通过整合，综合学校成了一所与其他公立学校一样受法律约束的公立学校，但是仍有权通过教学反应和进行具有特殊性质的教育。[1]这一权利受到整合要求的保护，即不妨碍学校的特殊性，以及如果1975年《私立学校有条件融合法》和其他教育法律均有相同或类似主题的规定，1975年《私立学校有条件融合法》的规定优先适用。综合学校的业主以自己的费用提供学校使用的土地和建筑物。综合学校由董事会控制。

5. 库拉考帕帕毛利人学校

库拉考帕帕毛利人学校（Kura kaupapa Māori）是公立学校，以毛利语授课和学习，以毛利文化和价值为基础进行教学。毛利人学校采用特殊的中等教育教学大纲进行授课、学习和评估。这些毛利人学校的主要目标是培养能够熟练运用毛利语和英语两种语言的学生。大多数毛利人学校通常向一年级至八年级或者一年级至十三年级的学生提供教育。这些学校通常招收八年级以上的学生。有的为一年级至十年级，有的为一年级至十三年级，有的则为九年级至十三年级的学生提供教育。

建立学校时，教育部长可通过宪报公告宣布其为库拉考帕帕毛利人学校。该公告必须注明学校的名称，且须以"Te Kura Kaupapa Maori O"字样开头，并声明学校将按照"te aho matua"[2]

---

[1] 学校需要遵守的立法是1989年《教育法》、1964年《教育法》以及1988年《国家部门法》，视学校的就业为与教育服务部门一样的就业。

[2] "Te aho matua"是一份声明，其中列出了适用于根据第155条指定学校的教学方法：第155A条。第155条已经修订，并且1999年《教育法修正案》中插入了第155A条。对于参加库拉考帕帕毛利人学校的权利，见第40段。关于该法令下"父母"的含义，见第11段第7款。

的规定运作。该公告还必须总结该校的任何特殊性质,并明确学校董事会章程。

只有在教育部长确信,学校建立则有权免费入学的学生中至少有 21 人的父母希望建立这样一所学校,其中毛利语是其教学的主要语言,且其按照"te aho matua"的规定运作,并表现出其章程中规定的特征的情况下,才可建立一所库拉考帕帕毛利人学校。教育部长还必须确信,如果建立这样一所学校,学生将获得一种可以便利参加的其他公立学校所没有的教育。

教育部长有绝对酌情权,决定是否设立学校。其可在与库拉考帕帕毛利人学校协商后,通过宪报公告修改学校的名称、特殊性质或学校董事会章程。学校董事会必须确保毛利语是其主要教学语言,且学校按照"te aho matua"的规定运作。学校可以实施招生计划,且学校董事会可以拒绝接收其父母不接受学校按照"te aho matua"规定运作的人入学。

除非其按照这些程序建立,否则注册学校不得在其名称中使用"Kura kaupapa Maori"字样。

1989 年《教育法》的教师注册条款不适用于库拉考帕帕毛利人,但根据 2001 年《教育标准法》制定的规定除外。

6. 特色学校

特色学校(designated character school)是公立学校,依照新西兰教学大纲教授课程。但是,此类学校有自己独特的价值观念,例如宗教信仰或某种文化,并通过学校的办学目标、意图和宗旨将其体现出来。

建立学校时,教育部长可通过宪报公告宣布其为指定特色学校。只有在教育部长确信,有权免费入学的学生家长或监护人希望学校具有其他普通公立学校所没有的特色,且已对其不同于普通公立学校的特殊方式作出书面说明和解释(以学校目标、目的和宗旨的形式表达）的情况下，才可建立一所指定特色的学校。教育部长还必须确信，该校学生将得到一种与普通公立学校显著不同的教育，对于其父母希望他们接受此类教育的学生而言这是合理的，且此类教育是任何其能便利入学的其他公立学校所没有的。[1]教育部长拥有决定是否设立指定特色学校的绝对酌情权。设立指定特色学校的公告必须指定学校董事会章程。该公告还须明确构成其指定特色的目标、目的和宗旨，这些内容将被包含在学校的每个章程中。在咨询学校董事会后，教育部长可以改变这些目标、目的和宗旨，或学校董事会章程。

7. 特许学校

特许学校（charter school），又被称为合作学校，通常被称为伙伴关系学校（partnership school）或毛利语"kura hourua"。这是由教育界、企业界和社区团体等联手创办的学校。学校主要面向社会经济地位较低的毛利裔和太平洋岛裔学生、学习成绩不佳的学生和有特殊教育需求的学生。特许学校由政府投资，但处于公立学校体系之外，不由政府管理。学校的管理者跟政府之间是合同关系，学校必须达到政府认可的目标。特许学校在管理和教学方式等方面有更大的自主权。在新西兰，这是一种新型的办学模式，新西兰的第一所特许学校于2014年开学。

教育部长可以通过宪报公告批准一个机构成为特许学校的主办方，且教育部长有绝对酌情权拒绝批准一个机构成为主办方。宪报公告必须包含以下内容：主办方的名称；学校所在的地方；学校的名称；学校是否为小学、中学或复合合作学校；学校可以提供的教育级别；学校的任何宗教、哲学或其他显著特征；学校的全部或任何（如果有，哪个）级别水平是否都是

---

[1] 关于参加指定特色学校的权利，见第40段。关于该法令下"父母"的含义，见第11段第7款。

单一性别。

宪报公告可规定不同级别的教育在特定时期内分阶段进行。

8. 特殊学校

特殊学校（special school）向有特殊需要的儿童提供教育。这类儿童可能有特殊天赋，也可能有学习或行为问题。特殊学校采用新西兰教学大纲。

基于在当地提供特殊教育的目的，教育部长可以设立特殊学校，为提供特殊教育的函授学校提供教育设备，或者建立或授权设立特殊班级、诊所或独立服务单位或与其批准的公立小学、中学、综合学校、理工学院或其他公共机构有联系的服务机构。教育部长可以撤销其设立的班级、诊所或服务机构，如果其对它们的运行方式感到不满，或者确信在同一地点附近有充足的供应（此类特殊教育）。[1]

三、高等教育实施机构

（一）高等教育实施机构的特征

高等教育是学校后教育或职业培训。1989年《教育法》规定了6种不同类型的高等教育提供者。其中5个是其章程受该法约束的机构；第5个是可在新西兰资格认证局注册的培训机构。章程受该法约束的4种类型的机构是教育学院、理工学院、专科学院、大学和毛利大学（wananga）。

---

[1] 教育部长必须提前3个月通知其解散意愿。在"总检察长诉丹尼尔案"[2003] 2 NZLR 742 (CA) 中，教育部长被认为违反了这项义务，因为在决定废除一所学校之前，其没有进行审查以确定每个地方都有充足的供应，并在某些情况下提供给学校董事会，在有强烈需求的地方设立特殊班级或单位。另见"索尔兹伯里住宅学校董事会诉总检察长案" [2013] NZAR 228 (HC) （法院认为部长未能充分或根本没有考虑第98条规定的强制性相关考虑，即学生的安全包括智力受损的女孩在转入男女同校环境时已经存在和加强的易损性）。

这些机构必须至少具有以下特征之一，大学则必须具备以下所有特征：其主要关注更先进的学习，主要目标是培养独立思维；其符合国际研究和教学标准，是知识和专业知识的储存库；其研究和教学密切相关，大部分教学由积极推进知识传播的人完成；其是知识和专业知识的储存库；其接受社会的批评和良知。

此外，一所大学的特点是教学和研究范围广泛，尤其是在更高层次上，其保持、推进、传播和协助知识的应用，培养独立思维，并促进社区学习。教育学院的特点是，开展学前教育、义务教育、义务教育后教育部门及相关社会和教育服务机构所需提供的教学和研究。理工学院进行包括职业培训在内的各种持续教育，有助于维护、推进、传播知识并促进社区学习。它的特点还包括研究（特别是应用和技术研究）以帮助发展。毛利大学（wananga）的特点是，根据毛利人的习俗和传统从事教学和研究，以维护、促进和传播知识，培养独立思维及协助知识的应用。专科学院的特点是进行教学和（如果相关）专业性研究，维护、增强、传播和协助专业和知识的应用。

教育部长必须充分考虑这些特点，向总督建议成立大学、理工学院、专科学院、教育学院或毛利大学（wananga）。[1]

每个机构均由管理机构、首席执行官、教职人员、普通职

---

[1] 1989年《教育法》第162（4）条，经2002年《教育（高等教育改革）法修正案》第10（3）条修正。在"Unitec 技术学院诉检察长案"[2006] 1 NZLR65 中，法院认为1989年《教育法》不允许一个机构因部长希望限制大学总数而被剥夺大学地位，第162（4）（a）规定的标准是一个机构获得大学地位必须满足的条件。因此，部长根据这些理由暂停Unitec申请的决定是非法的，拒绝向总督提出建议的决定是拒绝行使根据1972年《司法修正案》第4条可审查的法定权力。该决定后来在"总检察长诉Unitec理工学院案"[2007] 1 NZLR 750（CA）的上诉中被撤销，法院认定政府和部长有权制定高等教育战略，并在根据第162条作出决定时应适用现行政策。

第三章 新西兰教育法律制度的结构体系

工、毕业生和在校生以及管理机构决定的其他人员组成。

截至1989年10月1日的现有机构被视为根据1989年《教育法》设立的大学、教育学院或理工学院。根据负责管理1989年《教育法》的部长的书面建议,总督可以设立一个教育学院、理工学院、大学或者毛利大学（wananga）。在提出建议之前,该部长必须与新西兰资格认证局及其他组织和机构协商。

（二）高等教育机构的类型

高等教育领域包括数以百计的高等教育机构,政府对其中很多教育机构都给予资助。1989年《教育法》对教育机构作出了定义。《高等教育策略》明确了各类教育机构的核心作用和目标。高等教育机构由其各自的最高组织（peak bodies）来代表。国家对包括大学、理工学院和毛利大学（wananga）在内的高等教育院校享有拥有权。国家也对行业培训机构（ITO）、私立培训机构（PTE）、社区机构、中学和乡村教育活动计划（REAP）提供资助。

1. 大学

新西兰有8所大学。这些大学提供门类齐全的具有国际水平的学位课程和研究生教育。

大学里的学术研究涵盖范围很广。这些学术研究与社区、商业、行业、毛利部落和其他研究机构的联系十分紧密,推动了知识的普及与运用,促进了学习。

大学从根据学术业绩来拨款的学术业绩研究基金（PBRF）获取资金支持,也是一系列国家高级研究中心的所在地。

此外,大学也提供副学位（sub-degree）课程,其资金来源包括:为其他语言使用者设立的英语课程（ESOL）基金;为弱势群体提供的专业服务基金;密集型识字算数课程补贴;政府的学生成绩拨款。

2. 理工学院（Institutes of Technology and Polytechnics）

理工学院着眼于职业教育并承接支持职业学习的应用研究。

3. 毛利大学（Wananga）

新西兰有3所毛利大学，它们并非传统意义上的大学，而是采用毛利人的特殊教学与学习方式的教育机构，提供高质量的教育，为毛利族裔的发展与福祉做出贡献。

毛利大学的另一个作用是帮助有需要的人们重回课堂，接受教育。

为毛利大学提供的资助包括：成人与社区教育基金；政府学生成绩拨款；学术业绩研究基金；青少年担保计划基金。

4. 社区教育机构（Community Education Providers）

新西兰各地有很多社区教育机构，它们为来自各行各业的人提供高等教育课程。每个社区教育机构的组成都不尽相同，它们与社区和其他高等教育机构保持着联系。

社区教育机构的资金来源包括：成人与社区教育基金；为其他语言使用者设立的英语课程基金；为弱势群体提供的专业服务基金；密集型识字算数课程补助；现代学徒协作基金。

5. 行业培训机构（Industry Training Organisations）

行业培训为受雇者提供系统训练，可以在工作中进行，也可以在工作之外进行。这种培训与新西兰学历系统挂钩，学徒在受训的同时还可以挣到收入。

行业培训机构由新西兰各地的行业组织拥有，并被政府认可，从政府和行业组织得到资助。

6. 私立培训机构（Private Training Establishments）

私立培训机构由公司、信托基金和其他机构来运行，提供中学后教育或职业教育。

私立培训机构的运行规模、地址、种族特征、文化和教育专长是不同的。因此,私立培训机构能够满足学生、行业、雇主、社区、毛利裔和太平洋岛裔人士以及其他相关者的需要。

7. 乡村教育活动计划

乡村教育活动计划为乡村社区提供教育。新西兰共有 13 个乡村教育计划实施区,为居住在乡村的成人和孩子提供内容广泛的教育。

8. 学校

很多公立中学或混合制中学也提供高等教育服务,其中包括入门教育计划和青少年担保计划。这些计划旨在帮助青少年从学校步入职场。

某些学校还为成人提供以下教育:工作场合识字;密集型识字、算数教育;移民英语教育。有些学校还为社区提供成人和社区教育。

(三) 机构的学术自由

1989 年《教育法》针对高等教育机构作出规定的目的是给予它们尽可能多的独立性和自由,以制定符合其提供的服务性质、国家资源有效利用、国家利益和问责要求的学术、业务和管理决策。[1]该法规定,议会的意图是保持和加强机构的学术自由和自主权。"学术自由"在该法中的定义是,学术人员和学生在法律范围内质疑和检验所获得的智慧、提出的新想法、陈述有争议或不受欢迎的意见的自由,学术人员和学生从事研究的自由,机构及其工作人员规范机构教授课程主题的自由,以其认为最能促进学习的方式教授和评估学生的自由,该机构通

---

[1] 1989 年《教育法》第 160 条。参见"格兰特(Grant)诉惠灵顿维多利亚大学案"[2003] NZAR 185。这种自由可以受到限制,因为学生和大学之间的关系部分基于合同,部分基于教育法,因此大学没有作出决定的专属管辖权。

过其首席执行官任命员工的自由。机构的理事会和首席执行官、部长以及官方和官方机构必须采取行动,以落实议会表达的维护和加强机构学术自由和自主权的意图。学术自由一般适用于机构,而非仅适用于涉及一个人所从事的新学科。这种自由包括确保批评是合理、公平的责任。

在行使其学术自由和自主权时,机构的行为应符合维持最高道德标准的要求,并允许公众监督以确保维持这些标准,并与对正确使用其分配资源负责的必要性一致。

第四节 学生与教师

学生和教师是教育活动中的两个重要主体。因此,处理好师生关系对于提高教育质量、实现教育目的具有极其重要的作用。[1]

学生和教师的关系就像一个硬币的两面,两者不可分割,紧密地联系在一起。如果缺少了学生,教师便失去了教育的对象;如果缺少了教师,学生便失去了学习的对象。因此,要使教学活动顺利地进行下去,就必须保证学生有学上,教师有书教。

一、学生

学生(student)一般指正在学校、学堂或其他场所接受教育的人,而在研究机构或工作单位(如医院、研究所)学习的人也自称学生,以前与学生的性质相似的还有徒弟、弟子等。根据学习的不同阶段,我们可以把学生分为:幼儿园学生、小

---

〔1〕 参见全国十二所重点师范大学联合编写:《教育学基础》(第3版),教育科学出版社2014年版。

第三章 新西兰教育法律制度的结构体系

学生、中学生（初中生、高中生、中专生）、高等院校学生（专科生/高职生、本科生、硕士研究生、博士研究生）等。由于就新西兰学生的受教育权前文已经作了介绍和分析，因此此处不再赘述。下面，笔者将简单介绍一下学生的出勤制度、津贴以及低息贷款制度。

（一）出勤制度

1. 法律规定

上学的义务。除非其是国际学生，否则 6 岁至 16 岁的学生必须在一所注册学校入学。但是，如果离学校的步行距离超过 3 公里则 6 岁学生可不必入学。在学校注册的学生必须在开学时上学。参加中等专业课程的学生只需在特定时间上学。如果一个学生在学校超过 4 个小时，则视为上过学。

学校董事会和特许学校的主办方有责任采取一切合理措施确保其学生上学。他们可雇用出勤官员，出勤官员可以在出示任职证据后扣留 5 岁至 15 岁的人并询问他们，如果认为该人没有充分理由不上学，则可将该人带回家或带回该人入学的学校。警察也有此种权力。

受影响的学生必须在其现行时间表规定的每天的整个时间段上学。运行复合时间表的学校董事会或主办方必须采取一切合理措施，确保受影响的学生在其现行时间表规定的每天的整个时间段（或多个时间段）都可以上学。

根据管理 1989 年《儿童、青少年及其家庭法》的部门首席执行官的建议，教育秘书可以指示公立学校的董事会在该校招收 18 岁以下的特定学生。这样的指示超越了学校现行招生计划的规定。教育秘书需采取合理措施与学生的父母、学校董事会、行政长官和其他合适人员进行协商。

学校校长需按照教育秘书在宪报公告中规定的规则保留招

生记录,当学生离校时,必须采取一切合理措施将该生的招生记录发送给其新学校。

2. 出勤现状

新西兰教育部最新的出勤率调查报告已经出炉,从各个角度勾勒出了新西兰学生的缺课情况。其收集的是公办和综合学校的 63 万名学生的出勤数据,数据采集期间为 2016 年第二学期。

报告显示:全新西兰每天未到校上课的学生人数超过 7.6 万人。此外,在学生无正当理由缺课天数方面,毕业班最高;女生请假总天数比男生多;2016 年第二学期,按时到校的学生比例同比有所下降。

2015 年时,10%的旷课学生是和家人在学期当中出门度假去了。这是教育部首次将家庭度假记作为无正当理由缺席,此前,判断缺席理由是否正当的决定由学校酌情作出。

教育部的卡特丽娜·凯西(Katrina Casey)说:"在 16 岁之前到校接受教育,这不仅是国家法律的规定,也是教育年轻人为生活做好准备的关键。每天按时到校上学的学生有 90%的概率取得 NCEA1 级证书。这就是为什么我们要一起合作,给旷课学生的家庭提供支持,帮助他们重回正轨。"[1]

因此,很多院校都会就学生的出勤率设置严格的考评制度,如果学生的出勤率低于院校的要求,院校将视情况给予学生相应的处分,轻者警告,重者开除。

3. 留学生规定严格的出勤率

自 2012 年 7 月 25 日开始,新西兰正式执行新的留学生签证政策。其中一项重要变动是将出勤率要求由 80%升至 100%。由

---

[1] "教育部最新出勤报告:每天竟有 7.6 万名学生缺课?",载 http://news.skykiwi.com/na/zh/2017-08-16/245655.shtml.

移民机关和学校共同监督留学生在新西兰的学习情况，如留学生的出勤率未达到100%且无法提供令人信服的缺课原因，将会受到移民机关的警告甚至取消签证并被遣返。新西兰政府欢迎真正留学的学生，而不是凭借虚假材料假借留学名义前来打工的人。由此，导致新西兰政府开始严查留学生的学习背景或申请材料。

（二）学生津贴制度

1. 学生津贴

新西兰于1991年创设了学生津贴制度。通过制定条例规定津贴，以帮助人们接受教育或培训课程。学生津贴属政府拨款，分为纳税和不纳税两部分，纳税的部分金额大，不纳税的部分金额小（包括用以奖励成绩优秀学生的A类和B类奖学金）。津贴的数额由条例规定。但是，在此之前，教育部长可通过宪报公告规定金额。条例可授权教育部长在评估任何人是否有资格获得津贴时，考虑该人父母、配偶或伴侣的收入，并为此确定了"父母""配偶"和"伴侣"的含义。

教育秘书或经授权的人可要求已收到或已申请法定津贴或学生贷款的人，出示与其法定津贴或学生贷款权利相关的文件或记录，或者与其以特定比率或金额获得津贴或贷款相关的文件或记录。教育秘书或经授权的人可以要求接受人提供文件副本，并提供与其获得津贴或学生贷款权利相关或特定的信息，或者与其以特定比率或金额获得津贴或贷款相关或特定的信息。

不是每个学生都有资格得到学生津贴，且所获津贴的多少取决于本人年龄、个人收入、父母收入（年龄在25岁以下者的父母）、是否有配偶和小孩以及是住在家中还是租房居住等多种因素。

（1）享受学生津贴的资格与条件：必须是新西兰公民或具有

新西兰永久居留身份者；必须是经批准的学制至少为12周的全日制课程、科目的在读学生（无论在公立学校或私立学校）；年龄最低为18岁；若非第一次申请津贴，则上一年领取津贴期间所读的全日制课程、科目的成绩必须通过一半以上；领取学生津贴的资格年限为5年；学习期间，同时受雇做与完成学业有关的有酬工作者（如当助教），不得申请学生津贴；坐牢期间无资格申请。

（2）学生津贴的种类：单身学生津贴、配偶有经济收入的学生津贴、配偶津贴、需要负担子女的学生津贴、其他津贴。

（3）对学生津贴的管理：凡是具备享受津贴条件的学生均可根据各自情况得到不同种类的学生津贴。如果影响津贴的情况发生如下变化，学生必须立即填写情况变化表并交给校方，以便及时调整原津贴数额。变化包括：搬回家中与父母住；父母收入变化；个人收入变化；从事与学业有关的有报酬的工作；配偶收入变化；从全日制改为非全日制学习；结婚；自动退学。

学生退学后去工作或者由于发放工作的差错可能导致多发给学生津贴，学生多领的津贴须全部退回，否则该学生复学时便无资格申请。如到一定时候多领津贴仍未退回，将委托讨债机构处理，直至采取法律行动。

2. 对学生津贴权利的调查

教育秘书或其以书面形式授权的任何人均可以调查获得津贴或学生贷款的人的情况（因任何时候均存在）。接受者或非接受者必须回答教育秘书或其以书面形式授权的任何人在调查期间提出的所有问题。[1]

---

〔1〕"非接受者"是指不是接受者的人，包括以国家或公共机构官员或雇员的官方身份行事的人，但不包括其作为法院工作人员行事的人：第307（1）条"非接受者"的定义经2010年《教育法修正案》第64（3）条插入。

第三章 新西兰教育法律制度的结构体系

接受者必须在切实可行的范围内尽快通知教育秘书自己的情况变化，该变化在任何时候都将对其法定津贴或学生贷款或以特定比率或数额获得法定津贴或学生贷款产生重大影响。

如果教育秘书认为某人或某接受者没有合理理由未能提供信息或回答问题，并且（如果是接受者）接受者已被告知相关后果，且有合理机会陈述原因或回答问题，接受者的津贴或贷款可被暂停或拒绝。

如果非接受者未能或拒绝遵守，则在采取任何行动之前，必须给予接受者提供所需信息的机会。在暂停支付期间，不得支付法定津贴。如果为回应提供信息或回答问题的要求，某人故意作虚假或误导性陈述、作忽略重大事项的声明、提供虚假或误导性文件或记录或提供遗漏重大事项的文件或记录，则该人违法。如果其为接受或继续领取或以特定比率或数额获得其无权获得的法定津贴或学生贷款，而作出以下行为，则属犯罪，一经定罪，可处不超过 12 个月的监禁或罚款：故意在申请法定津贴或学生贷款时作虚假或误导性陈述；故意在对接受者情况变化对法定津贴或学生贷款或以特定比率或金额获得法定津贴或学生贷款具重大影响的通知中，作虚假或误导性陈述；故意不遵守法定要求，通知接受者情况的任何变化。[1]

接受者在调查期间拒绝回答问题即属违法，一经定罪可被处以罚款。

---

[1] 1989 年《教育法》第 307AA（2A）条，已经被被 2010 年《教育法修正案》第 66 条废除和取代。对该罪行可处以最高 12 个月的监禁或最高 5000 美元的罚款。"接受者情况变化"包括接受者知道的另一个人情况的变化，并且接受者知道其获得津贴或贷款或者以特定比率或金额获得津贴或学生贷款的权利将受到重大影响；第 307（1）条"接受者情况变化"的定义，已经 2010 年《教育法修正案》第 64（3）条插入。

在同一部门管理 1964 年《社会保障法》和 1989 年《教育法》学生津贴的相关规定期间，该部门持有的关于申请或已获得津贴或学生贷款人的信息，可被用于 1964 年《社会保障法》规定的相关目的。教育秘书可以收回已经支付的学生津贴或学生贷款，而这些人无权获得或以特定比率或金额获得津贴或贷款。多支付的款项，可通过扣除根据 1964 年《社会保障法》支付的福利、通过教育秘书向某人提起诉讼或向另一人发出扣除通知以要求该人从其可获得或将获得的金额中扣除多付的津贴或贷款。

3. 学生津贴上诉机构

学生津贴上诉机构根据 1989 年《教育法》成立。该管理机构由经部长批准的 1 名成员组成，任期 3 年，并有资格再任。成员任期届满后，其可以继续任职直到接受再次任命或继任者就任为止。该机构成员经教育部长确认，可因任何无法履职、破产、疏忽职守或不当行为而被撤职，也可随时辞职。

4. 上诉

注册或打算注册入学高等教育机构的人，如果其感到委屈可对依据 1989 年《教育法》作出的以下决定提出上诉：确定津贴的金额；拒绝发放津贴；批准一个人在任何一年中，指定部分学习课程中的全日制课程；在任何一年中，拒绝批准任何人的、任何学习课程的全日制课程；拒绝延长任何人津贴领取款项的期限；拒绝承认任何人在任何一年内通过的足以使该人有权恢复津贴的工作量；拒绝承认任何人获得或通过的、等同于其他资格或工作量的资格或工作量。

如果该决定由该部门根据教育秘书授权的雇员作出，受侵害者可在接受通知的 3 个月内或教育秘书允许的更长期间，请求教育秘书审查该决定。教育秘书则必须审查该决定，并可确

第三章 新西兰教育法律制度的结构体系

认或以其他可能作出的决定替代该决定。

如果该人仍不满意并对教育秘书的决定感到不满,则其可将审查后的决定上诉到学生津贴上诉机构。如果上述决定中的任一个是由教育秘书作出,而非经授权的部门雇员作出,该人仍可提出上诉。

学生津贴上诉机构可以确认教育秘书的决定或其他可能作出的替代性决定。管理机构必须为其自己的决定提供书面理由,该决定需经司法审查。

法院部门为管理机构提供行政和秘书服务,可以就如何提出和处理上诉以及如何完成诉讼程序制定规定。

(三)学生贷款制度

1. 学生贷款的建立

"学生贷款计划"最初是由官方于1992年1月通过教育部长设立的,旨在为大学生提供贷款援助。1994年至1995年,新西兰全国共发放学生贷款3.41亿新元,贷款面达40%,毛利裔学生贷款面为51%,太平洋岛屿的学生贷款面为73%。2011年《学生贷款计划法》的立法目的是为学生贷款提供有效管理、集中收取学生还款、提升学生贷款的透明度以便借款人了解他们对这些贷款的义务并鼓励借款人尽早偿还其贷款。

学生贷款的资格与条件:必须是新西兰公民或具有新西兰永久身份者,必须是经批准开设的全日制课程的在读学生,个人收入不影响申请的资格者,父母收入不影响申请的资格者,未还清债务的破产者无资格申请,坐牢期间无资格申请。

2. 种类与金额

贷款分三部分:学费、与课程有关的杂费、生活费。

所贷学费部分是就读院校收取的学费金额,公立院校每学年的学费一般为2000新元,但私立学校的学费一般为4500新元,所贷与课程有关的杂费包括书籍、文具、其他学习用品、交通、野外活动费等,最多为 1000 新元,贷给的生活费最多为 4500 新元,如已获学生津贴,贷款的实际金额应为两者的差额。

3. 贷款办法

申请者可要求所在学校提供有关规定、资料、表格,并给予免费咨询。然后,填写申请表,附上有关证件,签订合同。校方代表政府在合同上签字,并由专设的学生贷款管理公司为借款者建立贷款账号,同时借款者必须提供纳税号。贷款要收取利息,利息分两种,一是基本利息、二是调节利息,两者之和通常低于社会利息。以 1994 年为例,年基本利息为 6.2%,调节利息为 1%。

4. 还款办法

借款人无论有无收入,均必须填写税单。借款人的当年收入达到一定金额时(1995 年为 13 104 新元),必须通过税务系统偿还贷款。如果借款人是一家公司的雇员,其雇主将从其工资中按 10% 的比例扣款,汇至国内税收部。如果借款人是自己创业,则须确定还款计划。如果借款人出国,则必须和国内税务部门保持联系,在国外期间按照某种特定的方式偿还。

借款人偿还贷款的义务取决于其是否根据 2007 年《新西兰年所得税法》规定整个收入年度在海外,或收入年度的部分时间在海外。如果借款人连续 184 天或以上不在新西兰境内,则必须向税务局专员提出建议,提供可与其取得联系的电子通信方式,并提供确定该人还款义务和是否有责任支付贷款利息的合理信息。借款人在离开新西兰之前或在海外,必须在其出国之后或意识其即将身居海外时,尽早、尽快这样做。[1]借款人必须向专员提供常用海外邮政地址、新西兰邮政地址或有权为借款人行事之人的姓名和新西兰邮政地址。离开新西兰超过183天的借款人,返回新西兰时需通知专员。

(四)学生费用

1. 幼儿园费用

新西兰政府向3岁至5岁的幼儿提供每天不超过6小时、每周不超过20小时免费的入园补贴(20 hours ECE),任何在新西兰境内持有合法签证的幼儿,不管其是否具有居民身份,均可享受。超出时间则要收费,新西兰每家幼儿教育机构的学费各不相同,有的按3小时或6小时收费,有的按半天收费,有的按全天收费。

2. 中小学费用

新西兰的学校基本分为三大类:公立学校、私立学校和教会学校。

公立学校在新西兰是大众学校,也是绝大多数新西兰家庭的选择,私立学校和教会学校则属于小众学校。公立学校可以拿到政府教学资助,对于当地居民来说是免费的。

私立学校不以学区来界定生源,可以根据个人意愿申请任何一所学校。政府对私立学校是零资助。如果这所学校属于天主教的教会学校,那么父母一定要是天主教徒才可以申请孩子就读。

教会学校的学费介于公立和私立学校之间,没有私立学校那么昂贵。

---

[1] 2011年《学生贷款计划法》第28(1)(2)条。有关根据本节规定向专员提供的任何联系方式发生变化时借款人的义务请参阅第193C条;第28(3)条经2013年《学生贷款计划法修正案》第10条插入。

3. 高校学生费用

（1）国内学生的费用。高等教育委员会可为任何学习或培训计划确定学费或指定确定学费的方法。[1]费用可以分期支付。除非国内学生已支付费用或委员会规定的其他费用，否则不得在机构注册或继续注册入学。委员会须采取一切合理措施，确保每年在每个学生注册完成之前，向其发出书面通知说明其有权全额或部分返还费用。

（2）国际学生的费用。除非国际学生已支付高等教育机构费用或委员会规定的其他费用，否则不得在高等教育机构注册或继续注册入学。国际学生的费用可以分期支付。国际学生必须支付的费用由委员会确定，共三部分。首先是委员会对以下方面的最佳估算：如果没有国内学生参加该课程，该课程为一个学生提供讲授的机构之费用，包括该机构的边际行政和其他一般费用，以及该计划的初始或启动费用的适当部分；如果一个国内学生参加该课程，除了国内学生接受讲授外，为一名学生提供课程学费的边际成本，包括该机构的边际行政和其他一般

---

[1] 1989年《教育法》第227（1）条经2011年《教育法修正案》第28（1）条修订。规定收费的权力参见1989年《教育法》第193条和第141段。根据第159YA号或第159ZC条获得资助的机构委员会，不得对国内学生收取超过根据第159YC或159ZD条（以适用者为准）规定的最高限额费用（或特定类型的费用）（2）：1989年《教育法》第227（1A）条，经2007年《教育（高等教育改革）法修正案》第31条修订。机构委员会可以确定或指定由机构或其他人或机构代表机构提供学生服务的费用的计算或确定方法：第227（1B）条；第227（1B）~（1D）条根据2011年《教育法修正案》第28（1）条插入。关于义务教育学生服务费用有关机构的部长指示，见第227A条，经2011年《教育法修正案》第29条插入。如果部长根据1989年《教育法》第227A（1）（a）条向机构作出指示，列出该机构可提供的学生服务类别，该机构委员会必须确保，根据第227（1B）条确定之费用所提供学生的服务，仅涉及属于这些类别的学生服务类型：第227（1C）条。如果某机构根据第227A（4）条获得指示，则该机构委员会不得就学生可能收取的学生服务费确定超过该指示所规定的最高金额：第227A（1D）条。

第三章　新西兰教育法律制度的结构体系

费用，以及该计划的边际初始或启动费用。

除此之外还有第二部分：由委员会确定的金额，是一名学生使用必需的固定资产的恰当反映，只因该机构向国际学生提供讲授。第三部分是委员会规定的其他费用。委员会可以决定通过降低费用来补贴国际学生。补贴可以由委员会的一般收入支付，而非由委员会根据拟议计划或通过计划提供的资金支付，或者可由为补贴国际学生而特别补充的补助金支付。

如果国际学生应支付的所有费用尚未支付给该机构，则教育秘书可减少向该机构支付其认为该学生教育由议会拨款补贴的补助金数额。在减少机构拨款之前，教育秘书必须向委员会发出书面通知，说明其决定减少补助所考虑的情况。如果委员会不同意教育秘书减少拨款的决定，可将争议提交给仲裁员。与国内学生一样，机构委员会须采取一切合理措施确保国际学生在入学时获得书面通知，告知其有权获得退款的情况。

机构委员会须向教育秘书作出有关国际学生的姓名、国籍、课程的书面通知，以及该学生何时不再注册或就读该机构的通知。委员会还须遵守教育部长在宪报公告中所载的国际学生的所有会计要求。

二、教师

对于教师而言，人们普遍认为教师是一项重要的和高尚的职业，因此把教师称为人类灵魂的工程师。但是，新西兰政府发现，有些教师的素质比较低，不具有从事教师这个职业的资格和能力，有些教师道德甚至品质恶劣，不但没有发挥"传道授业解惑"的作用，反而利用教师的身份严重侵犯学生的合法权利，辱骂学生甚至强奸学生的例子已不鲜见。因此，要保证教学活动目的的顺利实现，必须首先保证教师的水平和质量。不同的国家对此都采取了相应的措施,新西兰也不例外。

(一) 教师注册与执业申请

1. 教师注册

任何人均可向新西兰奥特罗阿(Aotearoa)教育委员会申请,填写教育委员会提供的表格并经签名申请注册为教师。如果教育委员会确信申请人具有良好品质、适合担任教师、受过良好教育训练、符合1989年《教育法》规定的教师注册标准、没有2014年《弱势儿童法》规定的特定罪行或者根据该法案每一次针对特定罪行的定罪均已获得豁免,则批准注册。[1]在决定一个人是否受过良好的教育训练时,教育委员会必须考虑该人的资格,及其是否圆满完成了教育委员会认为合适的培训。它还可考虑其他相关因素。为确定一个人是否具有良好品格并适合担任教师,教育委员会必须获得警方对该人员的审查。[2]不满教育委员会有关注册的全部或部分决定的人,可在允许的情况下就该决定向区域法院提出上诉,并可就有关法律问题向上诉法院进一步上诉。

教育委员会必须保存已注册为教师的人员名册,并可在暂停或由纪律处分机构采取行动后对注册簿进行注释。

2. 执业证书

任何人均可以教育委员会提供的格式,向其提出执业证书申请。如果其已注册为教师、在过去3年内警方审查结果满意、符合1989年《教育法》颁发执业证书的条件和标准,教师委员会必须为每位申请人颁发执业证书。教师执业证书必须清楚地

---

〔1〕 1989年《教育法》第353条,参阅教育委员会根据该法第382(1)(e)条规定的教师注册标准,以及对2014年《弱势儿童法》第23(1)条所定义的"特定犯罪",或已根据该法第35条获得豁免。

〔2〕 必须将一个人的警察审查结果副本交给要求的人员或机构以及作为审查对象的人:第413(2)条。

第三章　新西兰教育法律制度的结构体系

表明教师已注册。除非很快取消或到期，否则颁发给已持有现行执业证书的教师的证书，将于证书持有日期的 3 周年或教育委员会通过宪报公告指定的有关所有或任何种类的职业证书的更早时间届满。颁发给尚未持有现行执业证书教师的执业证书，将在颁发日期的 3 周年或教育委员会根据该法案确定的条件和标准所决定的较早时间届满。执业证书在注册人的注册取消时到期。

如果教师申请更新其执业证书，教育委员会只有在满足以下条件时，才可以颁发新的执业证书：[1] 近期的教学经验令人满意；过去 3 年里有令人满意的警方审查结果；过去 3 年里有令人满意的专业提升；符合该法案规定的条件和标准。如果出现以下情况，教育委员会必须取消其执业证书：教育委员会有合理理由相信该人不再符合持有上述执业证书的规定；教育委员会有合理理由相信该执业证书是错误颁发或以欺诈手段取得；纪律审裁处在聆讯严重失当行为的指控后，或对投诉评估委员会转交事宜进行聆讯后，命令取消该执业证书；教育委员会在调查投诉或收到报告并对报告进行调查后发现该人尚未达到所要求的能力水平，确认取消其执业证书。

教育委员会不得根据上述前两项理由中的任何一项，未采取一切合理措施确保通知该人建议撤销的理由并给予该人合理机会就拟议撤销提出意见和聆讯（亲自或由律师或其他代表）

---

〔1〕 如果发放续签证书时教师已经持有的执业证书根据第 402 条暂停执行（该规定暂时中止，直至涉及可能发生的严重不当行为或可能导致严重不当行为的事项），或其原持有的执业证书到期时暂停，并且其暂停在发布更新证书之前不会中止，新的执业证书必须视为根据第 402 条暂停执行，在该持有人之前的执业证书到期时该暂停才被解除；第 361（7）和（8）条。参见"S 诉新西兰教师委员会案"[2014] NZHC2881，[2015] 3 NZLR 39（教师委员会认为，在 CAC 调查结果出来之前无法续签执业证书，第 130 条预计，即使该教师上次颁发的执业证书由于未完成的询问而暂时中止，也可以续签执业证书）。

而取消该人的执业证书。执业证书被撤销并不妨碍该人再次持有执业证书。

教育委员会必须采取一切合理措施,确保雇主了解且可在其互联网站上公布每位执业证书被取消的人的姓名。

3. 犯罪

1989年《教育法》就教师注册条款规定了若干罪行,一经定罪,最高可处罚款2000新元。任何人如果有以下行为则属犯罪:如果在司法程序中作出宣誓,其对新西兰奥特罗阿(Aotearoa)教育委员会作出的有关其资格或经验的声明构成伪证;非注册教师,但使用或允许与其姓名或业务相关者使用"注册教师"字样,或任何意图或可能使其他人认为其是注册教师的字词或缩写;故意作出或导致作出虚假登记或伪造的登记或执业证书;虚假表示非执业证书的文件为执业证书;虚假表示非授予有限教学权的文件为授予有限教学权证;被任用或继续受雇于某一职务,并知道该任用或雇用违反法律关于任用或继续聘用教师的限制性规定;作为其执业证书或有限教学权被暂停的人员的雇主,未能确保或拒绝确认该人不履行其受雇教学职位的任何职责;未能或拒绝采取一切合理措施,确保该人不从事可能使其与在校学生或参加幼儿服务机构的儿童接触的活动;执业证书或有限教学权被暂停的人员仍履行其被暂停执行时受聘的教学职位的职责;没有执业证书或有限教学权的人,在任何一个日历年中继续受聘于雇主(除了担保人之外)的教学职位或在幼儿教育和护理机构担任教师的时间,超过法案允许的时间。

知道该任用或继续雇用违反了法案有关任用或继续雇用教师规定的限制,而任用或继续雇用某人担任教师,这将是一项罪行,一经定罪可处以5000新元以下的罚款。

第三章　新西兰教育法律制度的结构体系

（二）教师和其他职员的聘用

1. 聘用

学校董事会可按照1988年《国家部门法》的规定任命、暂停或解雇员工。学校董事会雇用的员工属于教育服务机构，而教育机构又是国家服务机构的一部分。任命时，学校董事会需选择最适合该职位的人，且需通知临时空缺以便合适的人员申请这些职位。署任（代理）可包括缺勤人员。

每个学校董事会均需制定和发布一个平等就业方案并遵守它。学校董事会需向教育审查办公室的首席执行官员就此类方案进行年度报告。教育秘书负责教育服务的促进、发展和监督平等就业机会、政策、方案。[1]学校董事会需是良好雇主，因此需制定人事政策，其中包含在聘用的各方面公平和适当地对待雇员所必需的、普遍认可的规定。这包括以下规定：良好和安全的工作条件；平等就业方案；任用合适人选的公正选择；尊重承认毛利人的目标和愿望；满足毛利人的就业要求；毛利人在教育服务方面更多参与的需求；为员工提供提升个人能力的机会；承认民族或少数人群的目标、愿望、就业要求和文化差异；承认妇女的就业要求；承认残疾人的就业要求。

学校董事会也需确保其员工保持正直、遵循良好的行为标准，以及对公共利益和学生福利的关心。

教育秘书在按要求咨询后，可为教育服务部门的员工设置行为准则。针对不同教育服务部门的不同部分，可设置不同的准则。教育秘书也可规定雇主在评估教师表现时需考虑的因素。在此之前，需与新西兰奥特罗阿（Aotearoa）教育委员会、教育

---

[1] 平等机会就业方案旨在查明和消除造成或延续或可能造成或延续就业方面不平等的政策、程序和其他体制方面的障碍，以及任何人员或群体在就业方面的不平等：第71D（5）条。

审查办公室首席执行官、教师雇主代表和有关教师组织进行协商。

国家服务专员负责根据2000年《就业关系法》就教育部门员工的集体协议进行谈判,专员视为雇主。员工可根据2000年《就业关系法》对学校董事会提出不满。[1]

2. 忠诚宣誓

任何人均不得在未经宣誓或确认前在学校任教。新西兰公民需宣誓效忠;其他国家的公民必须宣誓或确认其不会直接或间接与新西兰公民所做的不忠于女王陛下的活动相关联。

(三) 工资

1. 教师工资的支付

教师工资支付的单独系统。在工薪学校,教育秘书负责动用议会拨付的公共资金向教师支付工资,在一般情况下,禁止学校董事会在未经教育部长同意的情况下向教师支付报酬。如果董事会不遵守人事规定,导致教育秘书支付了多于本应支付的金额,则可减少学校董事会的补助金。此前,立法规定通过"大宗资金"机制支付教师工资。根据教育部长和学校董事会之间的协议,教师薪水由学校董事会支付。学校董事会有义务遵守协议中的任何条件。2000年,大量资金被从立法中删除。

2. 工资单服务

(1) 书记应确保在部内或代表部设立和维持足够的、服务于学校董事会薪酬的员工和设施(在本部分中称为薪酬服务)。

(2) 除非教育部长授权不这样做,否则每个委员会都应通

---

[1] 1988年《国家行业法》第73条,由2000年《就业关系法》第240条取代。瑞思沃茨(Rishworth)和威尔士(Walsh)的《教育法》(1999年10月新西兰法学会研讨会)第98~105页讨论了一些案例。另见陶尔纳(Towner)在《教育和新西兰法律》中对"为雇主的学校董事会"的阐述(法律研究基金会,奥克兰,1993年4月)。对于个人不满,见《雇佣条例》第41~54条。

第三章 新西兰教育法律制度的结构体系

过薪酬服务来计算和支付在教育服务部门的委员会工作的所有员工的工资和薪水（1988年《国家行业法案》）。

（3）使用工资单服务的委员会应保存所有记录，并向教育部长提供必要的信息，以确保其能够这样做。

（四）纠纷解决机制

人们在进行教师注册、申请执业以及从教时可能会遭遇各种各样的纠纷或争议。不管是什么样的纠纷和争议，都应该设置科学、合理的纠纷解决机制，否则极有可能侵犯教师的合法权利，也有可能影响教学活动的顺利进行，甚至有可能影响国家教育事业的健康发展。新西兰在这方面做得比较好，其设置了科学、合理的纠纷解决机制，为教师顺利、及时地解决纠纷，正确地维护合法权益提供了一条有效的途径。下面，笔者将对新西兰不同阶段的教育法所规定的教师争议解决机制进行介绍和分析：

1. 1914年《教育法》规定的教师法团及上诉法庭制度（Teachers Incorporation and Court of Appeal）

为了切实维护教师的合法权益，提升教师自我保护的力量，1914年《教育法》允许教师通过一定的程序组成一定的社团，称之为教师法团。该法第138、139条规定了教师法团的内容。

1914年《教育法》设立了一个教师上诉法院来处理针对解雇、暂停和转任教师的上诉。教师上诉制度的内容较多，包括上诉的法院、审判人员的组成、审判程序以及裁判的标准等，该项制度为新西兰处理教师在遇到解雇、暂停和转任时的争议提供了法律依据。

2. 1964年《教育法》设立小学教师聘任上诉委员会（Primary Teachers Appointment Appeal Board）

1964年《教育法》更新并扩大了1914年《教育法》。它设立了小学教师任用上诉委员会。其中，第 144 条规定："小学教师聘任上诉委员会……（1）为本法这一部分的目的，应为每个教育区设立一个小学教师任命上诉委员会，称为（地区名称）小学教师任命上诉委员会。"

3. 1989 年《教育法》中的申诉制度

1989 年《教育法》第 409 条规定：

（1）受纪律审裁组根据第 402（2）条或第 404 条作出决定的教师，或教育局根据第 412 条作出的决定，可就该决定向地区法院上诉；

（2）投诉评估委员会可在教育委员会允许的情况下，根据第 402（2）条或第 404 条规定的纪律诉讼裁决向地区法院提起上诉；

（3）根据本节提出的上诉必须在收到决定的书面通知后 28 天内或法院允许的更长期限内提出；

（4）第 356（3）至（6）条适用于根据本条提出的每项上诉，犹如其是根据第 356（1）条提出的上诉一样。

第五节 课程与教学

一、课程

课程是指学校学生所应学习的学科总和及其进程与安排。课程是对教育的目标、教学内容、教学活动方式的规划和设计，是教学计划、教学大纲等诸多方面实施过程的总和。广义的课程是指学校为实现培养目标而选择的教育内容及其进程的总和，它包括学校老师所教授的各门学科和有目的、有计划的教育活动。狭义的课程则是指某一门学科。

第三章 新西兰教育法律制度的结构体系

课程是教和学相互作用的中介和纽带。一方面，连接并受制约于教育目的和培养目标，是培养目标的具体体现，是实现教育目的的基础；另一方面，连接并制约着教学的形式、方法，课程及其内容决定着教学形式和方法。课程是教师从事教育活动的基本依据，是学生吸取知识的主要来源，课程设置对学生的全面发展具有决定性作用。

新西兰现行的课程内容以及标准，有的是由1989年《教育法》规定的，有的是由教育部规定的。下面，笔者将对新西兰的课程制度进行介绍和分析：

（一）小学和初中课程

自20世纪80年代中期起，新西兰政府即广泛征询各界意见，希望制定国家课程，从事中小学课程改革，使中小学校的课程具有一贯性、系统性和均衡性，并且将国家对中小学校的引导方向定位清楚，明确告知家长、学生、教师和社区人士学校应该教些什么，应该使学生达成哪些成就指标。到了1991年，教育部公布新西兰国家课程草案，供各界讨论，1993年则正式颁布"新西兰课程架构"（The New Zealand Curriculum Framework）。

根据1993年所颁布的课程架构，中小学课程包含英语、数学、科学、科技、社会科学、艺术、健康和体育教育等七大基本学习领域。针对每个年级，每门课程都有相应的达标标准，七门课程的上课时间相等。其中最为基础和最受重视的两门课程为英语和数学，也就是所谓的识字和算数。

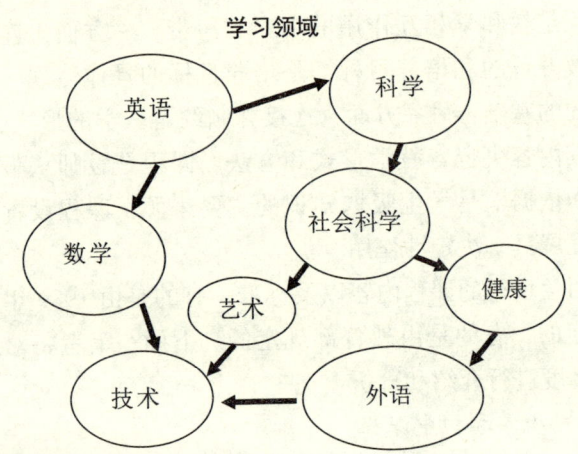

学习领域

各基本学习领域内的各核心学习大纲,皆包含许多该领域的概念、能力、价值和方法,配合学生的身心发展,由浅而深,被区分成一年级至八年级,贯穿中小学课程,由学生逐级学习。每级基本学习领域内之各核心学习大纲,均清楚地陈述该级该大纲的具体成就指标、教材选择要领、教学方法建议与评估学习结果的方法。[1]

新西兰的小学没有课本,没有统一考试,因材施教。新西兰小学的班级规模比较小,基本都不会超过25名学生,学生没有固定的座位,上课过程中孩子们可坐可卧,课上多以讨论为主。根据教育部的规定,新西兰小学有七门核心课程,而培养孩子动手能力的绘画和手工课也是不可或缺的。体育运动也不是无趣的课间体操,基本每间学校都开设了游泳课、足球课、橄榄球课等。除此之外,学校还会组织各种课外活动,比如露营、徒步,为孩子增加了更多亲近大自然的机会。这样的教室环境

---

[1] R. Bloomfield, "Social Studies: the New Zealand Principal Post – Picot", *Journal of Educational Administration*, 1998, 32 (4): 6.

第三章 新西兰教育法律制度的结构体系

可以让孩子感觉很放松，没有负担。孩子们都觉得上学十分有趣，基本上也不会出现上学第一天哭鼻子的现象。新西兰倡导一种让学生在轻松自由却有指导的环境下学习。这就是人性化教育理念下快乐教育的最好体现。

从 2010 年起，接收一年级至八年级学生的学校开始启用阅读、写作和数学国家标准。这些学校要根据国家标准，每年至少向家长和家庭报告 2 次孩子的学习进步和成绩。设置国家标准报告的目的是让教育体系变得更好。

另外，有些学校还提供宗教教育和仪式，这也是它们的教育内容之一。公立学校的小学生经校管会批准，每周可以接受一次大约 30 分钟的宗教教育。如果学生父母或监护人不希望该学生参加，可以书面告知校长，这样该学生便无需参加。进行宗教教育时，学校在上课时间内需要关闭，孩子依然可以得到成人的照顾。

（二）高中课程

新西兰中学课程国家统一，九年级至十年级学生的必修课程包括：英语、数学、科学、健康和体育教育、社会科学。学生可以选修艺术和科技等相关课程，还可以选修外语、经济以及纺织等。新西兰中学学生的选课很重要，学生在十一年级至十三年级期间根据自己的兴趣、爱好、特长，以及未来的专业方向选择科目，这三年的课程成绩将被计入 NCEA 的评估中。

中学毕业后，学生可以继续攻读新西兰顶尖的大学或理工学院，也可选择申请其他海外大学。新西兰的许多中学都提供 NCEA、CIE 和 IB 这三种中学课程，留学生可以凭借 CIE 和 IB 的成绩申请欧美大学。新西兰的中学教育系统分为三大块，分别是 NCEA、剑桥课程（CIE 课程）和 IB 课程。大部分的院校都采取 NCEA 系统体制。

· 155 ·

1. NCEA 课程

NCEA 课程是"National Certificate of Education Achievement"的简称，即国家教育证书，是新西兰高中为十一年级到十三年级的学生开设的教育资格认证，被新西兰所有的大学、理工学院和雇主认可，通行新西兰全国甚至海外。课程设置类似于美国和英国的高中课程。

课程内容：会计、生物、职业研究、化学、古典研究、设计、经济学、英语、英语作为第二外语、法语、地理、图像设计、历史、日语、拉丁语、数学、微积分、统计学、音乐、绘画、摄影、体育、物理、科学、西班牙语、产品设计、视觉艺术。

2. CIE 课程

CIE 课程是"Cambridge International Examinations"（剑桥国际考试委员会）设置的课程，其课程体系就是我们常说的 A-Level 课程。学生在学习 AS 和 A2 的课程并通过考试后即可获得 A-Level 的证书，证书为入读英国顶尖大学的"黄金标准"，是日后进牛津、剑桥、帝国理工、伦敦政经等世界名校深造的最佳凭证。

课程内容：会计、生物、商业研究、化学、古典研究、设计、经济学、英语、法语、地理、图像设计、历史、日语、数学、音乐、绘画、摄影、体育、物理、西班牙语、产品设计、视觉艺术。

3. IB 课程

IB 课程的全称为国际预科证书课程（International Baccalaureate Diploma Programme，简称 IB 课程），是由国际文凭组织为高中生设计的为期 2 年的课程。该课程被国际文凭组织称为"成熟的国际化素质教育"，目前认证国家多达 115 个，是北美、欧洲大学认证度最高的高中文凭课程，是进入哈佛、耶鲁及普林斯顿等常青藤大学的最佳选择。

课程内容：英语、中文、韩语、法语、西班牙语、德语、生态系统与社会、古典学、历史、工商管理、经济学、ITGS、心理学、地理、生物、化学、物理、环境系统与社会、运动科学、数学、数学研究、数学方法、艺术、摄影、平面绘图、音乐、剧场艺术、舞蹈。

(三) 高校课程

1. 中等-大专课程

(1) 新的中学-大专课程立法框架。目前已有一套立法框架，用于公认的教育提供者开办中等-大专课程。中等-大专课程是一项全日制课程，由一个中学组成部分和一个高等组成部分组成，由提供者组织或主要提供者协调。教育部长有权通过宪报公告，根据具体标准承认提供者组织机构，且提供者组织的每个成员都应对该组织的责任和义务承担连带责任。[1]提供者组织的成员须采取一切合理措施共同合作。

教育部长可通过宪报公告发布有关中等-大专课程和提供者组织的政府政策或优先事项，并可通过书面通知向提供者组织或主要提供者发布政府政策或优先事项。提供者组织或主要提供者须采取一切合理措施，实施政府政策或优先事项，或根据需要考虑相同情况，以遵守政府政策或优先事项。

(2) 提供者组织的协调、计划和报告义务。如提供者组

---

[1] 有关法定标准（例如，提供者组织可能由政府培训机构和/或行业培训机构组成）请参阅第31B (1) (a) 和 (b) 条。"政府培训机构"与159条的含义相同：第2 (1) 条，"政府培训机构"的定义，由2010年《教育法修正案》（第3号）第4条插入。"行业培训机构"的含义与1992年《行业培训与学徒法》第2条的含义相同：第2 (1) 条，"行业培训机构"的定义，由2010年《教育法修正案》（第3号）第4条插入。

已与教育秘书就课程规划达成书面协议,则其可协调一个中等-大专课程。教育秘书和提供者组织可通过至少 6 个月前的相互书面通知取消或更改协议。提供者组织须准备和保留其协调的每项规划的计划,该计划包含短期和长期目标,且须向教育秘书提供该计划副本。其有义务每年向秘书报告他们的表现和进展情况。

教育部长可通过宪报公告,承认特定机构为中等-大专课程的主要提供者,以协调课程。如果其就参与学生的安全、福利和教育规划作出安排,且此安排获得了教育秘书的同意或书面批准,则主要提供者可以协调运行一个中等-大专课程。希望提供中等-大专课程的中等部分和高等部分的机构,须作出与主要提供者类似的安排。教育秘书可在至少 6 个月前以书面形式通知主要提供者,撤销其同意或批准。

(3) 中等-大专课程的资格和进入。入读中学、复合学校、特许学校、注册私立学校(不包括小学)或有关特殊学校的学生,有资格向提供者组织或主要提供者申请参加中等-大专课程。[1]是否批准学生参加中等-大专课程由提供者组织或主要提供者决定。但是,如果批准国际学生参加中等-大专课程,将导致申请参加的国内学生本可以参加却不能参加,那么提供者组织或主要提供者不得批准国际学生参加。参加的学生可随时退出中等-大专课程。提供者组织或主要提供者可在咨询学生后,撤回其对学生参加中等-大专课程的批准。

学生和家长须得到提供者组织或主要提供者的书面通知,以了解有关入学要求。

---

[1] 1989《教育法》第 31I(1) 条,由 2010 年《教育法修正案》(第 3 号)第 10 条插入,并经 2013 年《教育法修正案》第 14 条修订。最后提到的条款将第 31A~31L 条插入 1989 年《教育法》。

2. 高等教育学习课程

每个高等教育机构的理事会都可以确定学习计划,从而获得学生可以攻读的学位、文凭或证书。这受限于新西兰资格认证机构批准非大学机构课程的权力,以及副校长委员会批准大学课程的权力。[1]理事会的权力也受限于教育部长指示一个机构不再提供或不继续提供学习计划的权力,如果部长有合理理由认为该计划的提供或继续提供将对可用于高等教育或职业教育的国家资源分配产生重大影响,且不利于资源的有效利用。教育部长的指示须以书面形式通知,载明决定的理由,且只能在与机构理事会协商后给出。教育部长的权力只针对整个学习计划或培训计划,且不得针对特定科目或学习计划的部分行使。

提供国家认可计划的机构可向完成该计划的人员颁发奖项,以示该计划经国家认可。

二、教学

教学是全面发展教育、实现培养目标的基本途径,而教学又是借助不同的形式实现的。到目前为止,在运用教学这一途径时可供我们选择的教学组织形式有:教学的基本形式——课堂教学;教学的辅助形式——现场教学和个别指导;教学的特殊形式——复式教学;教学的电化形式——多媒体教学。新西兰人也非常重视教学,下面,笔者将对新西兰教育法规定的教学内容进行介绍和分析。

(一) 课堂教学

新西兰的小学没有课本,没有统一考试,因材施教。新西兰

---

[1] 1989年《教育法》第249条和第253A条;第20部分(第246~256G条)已被2011年《教育法修正案》第38条所取代。更多参见第185~189段。1989年《教育法》第249条规定,"机构"包括任何政府培训机构、注册机构、相关学校、行业培训协会或其他机构:1989年《教育法》第249(1)条。

小学的班级规模比较小，基本都不会超过 25 名学生，学生没有固定的座位，上课过程中孩子们可坐可卧，课上多以讨论为主。根据教育部的规定，新西兰小学有七门核心课程，分别为英语、数学、科学、科技、社会科学、艺术、健康和体育教育。针对每个年级，每门课程都有相应的达标标准，七门课程的上课时间相等。其中最为基础和最受重视的两门课程为英语和数学，也就是所谓的识字和算数。

新西兰的学校非常重视所有学生的成就和成功。学生们将运用在学校所掌握的知识和技能，更好地去面对生活中的机遇和挑战。

音乐是艺术课程中的一部分，艺术课还包括舞蹈、戏剧和视觉艺术。一年级到八年级的学生要学习所有这些科目。九年级、十年级的学生至少要学其中的 2 门。十一到十三年级的学生可以选择其中 1 门或更多门课程作为将来的专业。

新西兰学生的另外一项重要任务就是阅读，并且有非常系统的阅读理解训练。新西兰的阅读教学世界闻名，学生的读写成绩在国际学生测试（PISA）中经常名列榜首，各国的教育专家不断慕名而来，求经取宝。学生每天有一半的时间被用于阅读和写作，而且连续 6 年狠抓不放，直到每名儿童都能流利地读写。

在小学阶段中，阅读理解能力的级别从 1 到 40，然后是半独立、完全独立。这些级别的划分，不以在读的年级为标准，而是根据孩子的真正阅读理解能力，也就是说，有可能孩子只有三年级，但是他的阅读理解能力跟一些六年级的学生一样。

老师会根据每名学生的阅读水平，指导他们每周在学校图书馆借阅书籍，孩子无论阅读能力到哪个级别，都会有不同的书可以拿回家看，完全是因人而异的教育。

对阅读有困难的学生，学校实行一对一的帮助计划（Reading

Recovery Program),由教师或专家每周进行个别辅导。对能够流利地进行阅读的学生,则鼓励他们更多地独立学习。而且,这些级别的划分标准还是统一的,以保证学生在转学后能够跟新学校顺利衔接。

(二) 课外教学

课外教育（EOTC）是在教室以外进行的教学活动。它包括参观博物馆、毛利文化村（博物馆）和野营之类的活动。小学和初中的学校通常每年都会为所有学生安排一次野营。多数中学会为某个年级的学生安排野营。

在新西兰,对于低年级学生,他们会在校学习一些识字、算数等基础知识,教师更注重的是对学生动手能力的培养,绘画、各种手工制作是主要学习内容。体育锻炼在新西兰小学阶段乃至整个教育体系都占据着尤为重要的地位,在小学阶段,基本每所学校都设置有游泳课、足球课和橄榄球课。

每逢周末,人们在新西兰各座公园经常会看见各所学校的孩子们组成足球队或橄榄球队进行比赛,基本每名学生都会参加一个球队。

新西兰的学生还有野外露营的传统,一般学校会安排四年级以上的学生进行1周至2周的野外露营,借此培养孩子的自信、勇敢及独立生活的能力。

(三) 函授学校

教育部长可以通过宪报公告,确定在函授学校就读幼儿园、小学和中学课程的标准。除非学校董事会确信其入学符合此类标准,或其有权享受免费教育且教育部长指示学校董事会接收他们,否则其不得在函授学校注册入学。[1]只有当教育秘书认

---

〔1〕 1989年《教育法》第7（1）（2）条。学校董事会可以将此事委托给校长。

为此人不能在提供该级别教育和要求科目的国立学校便利入学时，才能作出此类指示。如果此类标准不再适用于该人，则此类指示应被取消；该人的入学也将被取消。如果其是外国学生、在私立学校入学、年满16岁且未在公立学校入学或因持有豁免证书而无需入学，则需向函授学校支付费用。

第四章 CHAPTER 04
新西兰教育法律制度的实施效果

新西兰自从成为英国的殖民地以后，就不断地制定法律为教育事业的发展保驾护航。因此，新西兰的教育事业取得了很大的成就，当然这与该国重视法律以及采取诸多的保障措施是分不开的。本章将介绍和分析新西兰国家教育事业取得的成就，以及为了促进教育事业的大力发展所采取的保障措施。

第一节 新西兰教育取得的成效

一、新西兰教育体系完善

新西兰具有完善的教育体系，分为：

（一）幼儿教育

幼儿教育主要由幼儿园、托儿中心、民办非营利学龄前儿童组织和毛利族学龄前儿童组织提供。幼儿园主要为3岁至4岁的儿童而设，而其他组织则可以接收从初生直到学龄前的儿童。如果3岁以下的儿童不与父母居住在一起，按照《托儿条例》这些儿童必须得到照顾。学前幼儿教育中心都归社区所有，但有些托儿中心则由私人经营。这些机构全都接受政府的拨款或补贴。幼儿园和托儿所工作人员要接受师范学院的培训。专门接收毛利族学龄前儿童的幼儿园和相关机构建立了自己的培训基地，并为托儿所工作人员制定了一些可供选择的培训计划。

(二) 小学教育

新西兰约有 2300 所小学由国家经办，60 所由私人机构经办。公立学校都是男女同校，有些私立学校则分为男校或女校。6 岁是法定的入学年龄，但大多数儿童在过完 5 岁生日时就已经进入小学就读了。儿童在入学的前 2 年在幼儿班度过，此后连续 4 年就读于一年级至四年级。在许多地区，11 岁至 13 岁的儿童会再读 2 年初等中学（一年级到二年级），这种初等中学是连接小学教育与中学教育的桥梁。

(三) 中学教育

在新西兰，公立中学有 315 所，私立学校有 15 所。特别是在一些大城市，有些学校实行男女分校。学生在 13 岁左右进入三年级，这是中学的最低年级。尽管学校在给学生分班时可以借助于能力测验，但中学的入学是非选择性的。大城市地区有就近入学的计划。除此之外，家长还可为子女选择学校。学生在 15 周岁以前必须入学接受教育。80% 以上的学生继续进入四年级学习，相当一部分人继续升入五年级。

(四) 大学教育

新西兰除了授予大学生奖学金外，还出资开办大学。新西兰共有 7 所综合性大学：奥克兰大学、怀卡托大学、梅西大学、维多利亚大学、坎特伯雷大学、林肯大学和奥塔哥大学。除了林肯大学只侧重农业、园艺和商业课程外，其他大学都开设有文学、社会科学、商业和科学等方面的课程。其工作人员由享有国际声誉的科技专家组成。大学里的教学人员除培训学生以外，还从事基础研究工作，并且在应用科学领域做出了重大贡献。随着新科技以及通信和信息技术的应用，新西兰人的就业

第四章　新西兰教育法律制度的实施效果

结构和生活方式都发生了变化，这使得开设社会科学课程的大学越来越受欢迎。

新西兰的大学全部实行学分制，每个专业或系都有自己的课程要求。只要课程要求的作业或实验合格，同时期末考试合格，学校就承认学分。所修的学分一旦达到专业要求，学生就可以毕业。如果所修的课程太难或者学习不用功，则会导致作业或实验不能完成或者考试不及格等，如此学生便将拿不到该课程的学分。因此，大学的学分并不是很容易获得的。

大学的第二年或第三年是专业课程学习阶段，由学生自己决定专业方向和选择相应的课程。三年级时，学生的成绩和学习态度将会引起系里的教授和博士们的注意。他们总是希望找到优秀的学生来重点培养。优秀的学生在大三以后可能直接攻读研究生。特别优秀的学生于大三以后可以申请各种名目的奖学金。导师也可能会给予课题。在新西兰，研究生学位是一种过渡性的学位，并不是一个独立的学历资格。因此，新西兰的大学生一般在2年左右就可以完成研究生学业。

二、新西兰各级、各类学校齐全

新西兰有公立学校、特许学校、私立学校等。公立中学320所、公立小学2235所。公立学校全部由政府出资，其他学校和私立学校可以获得部分政府基金。新西兰政府每年为70多万5岁至18岁的学生提供约53亿新元（相当于240亿人民币）的教育经费，约占国民经济总产值的5.6%。

新西兰全国有66万中小学生就读于2800多所公立中小学校，政府每年用于中小学教育的投入超过了20亿新元。在新西兰上大学并不难，新西兰高中毕业生上大学的比例约为30%。新西兰的高等教育体系共由8所公立大学、29所理工学院、4

所教育学院构成，提供从学士到博士的所有课程。

新西兰设立的 8 所公立大学分别是奥克兰大学、奥克兰理工大学、奥塔哥大学、怀卡托大学、梅西大学、坎特伯雷大学、林肯大学和维多利亚大学。每所学校都有较强的实力和自己的优势专业，有的专业在世界上还名列前茅。

新西兰为边远地区和不能进入常规学校学习的人（比如成年人、退学的人）提供函授教育，还为毛利人（新西兰的开拓者）设立专门学校。这些学校用毛利语教学，对振兴毛利语言、文化及提高毛利人的入学率、提高毛利学生的学习质量具有重要作用。

私立学校完全是私人办学，学校课程安排及日常管理均不受教育法制约。此外，新西兰还存在家庭学校，由家长负责在家里对孩子进行教育，但必须取得入学赦免，否则不能在家里读书，如果家长的教学质量能够得到保证，教育部将给予批准。新西兰的大多数学校都收取适量的学费，由学校资金委员会要求学生家长付一定的钱以资助教学，但这不是强制性的。

小学是一年级到八年级，中学是九年级到十三年级。学校里的中学生人数较多，一般有 600 人至 21 000 人。在一些边远地区，为了方便学生读书，执行小学-中学连贯制，即学生从一年级一直可以上到十三年级。由此看来，新西兰的教育制度比较灵活，只要有利于学生上学读书，政策上就可以变通。

三、新西兰国际合作办学活跃

新西兰的教育体制很开放，国际合作办学异常活跃。许多学院均设立了海外服务部，接收各国的学生到新西兰接受英语培训，合格者由他们介绍到新西兰的其他大学深造。有些大学与国外大学签署了教育合作交流协议，允许某些学科、专业相互承认，学生可以在双方国家分段学习规定的课程，相互承认学生的学分，成绩合格者将分别被颁发双方的毕业证书，也就是说大学生可以在两国分别学完规定的课程，最后可以拿到两个国家颁发的大学毕业证书。这种国际直接接轨办学的方式具有很大的吸引力，有利于提高学生的综合素质。[1]

四、新西兰公民的学历普遍提高

2006年3月24日，即将离任的新西兰教育部部长（Secretary of Education）霍华德·范思（Howard Fancy）在全新校长联合会年度大会（NZ Principals Federation Annual Moot）上发表了名为《十年来，十年后》（A decade on, a decade ahead）的主题演讲，高屋建瓴地以专业眼光纵论了新西兰十年来教育改革与发展所取得的成就、当前面临的挑战及未来的走向——反思了1990年以来教育改革的经验，并展望了接下来十年的教育发展。

霍华德·范思部长首先回顾了十年来新西兰教育改革与发展的总体成就——"新西兰教育在世界中的位置"。他说，毋庸置疑，新西兰的教育体系在全球范围内是优良的。"国际基准"（International Benchmarking）的统计数据显示：经济合作与发展组织（OECD）的研究表明，新西兰25岁至64岁的人口中，有3/4已经获得了中等或高等教育文凭，远远高于该组织成员的平均数65%；大部分新西兰学生的学业成就（student achievement）位列经济合作与发展组织国家学生的前25%；在过去的4年中，新西兰辍学学生所占的比例不断下降；2003年的经济合作与发展组织"国际学生评估计划"（Programme for International Student Assessment, PISA）的结果表明，新西兰15岁的学生在阅读、

---

[1] 洪祖培："多元化的新西兰教育"，载《前进论坛》2000年第5期。

数学和科学素养每一项上都位居成员的第二梯队；在儿童早期教育方面，新西兰儿童参与早教的比例远高于绝大多数其他经济合作与发展组织的成员；新西兰教师的高素质和所取得的优异成绩受到了国人及全世界的高度称赞。[1]

五、新西兰教师的质量世界领先

近日，经济合作与发展组织（OECD）的调查显示，新西兰教师的专业化程度名列前茅。国际教师教学调查（TALIS）项目对全球 34 个参与国家和地区的教师和校长进行了调查，结果显示：新西兰教师质量排名第四，仅次于俄罗斯、爱沙尼亚和新加坡。

国际教师教学调查针对新西兰七年级至十年级的教师和校长进行了考核，目标为来自 163 所初级中学的约 2800 名教师。教师专业化是指教师所拥有的知识、技能以及实践经验。新西兰教师在教师培训和专业化方面发展得很好，能够自主地开展工作。

这份报告还表明，新西兰不像其他国家那样在经济发展处于劣势的地区教师专业化有明显的下降。这就说明，在新西兰，无论处于什么经济背景的学生都能够接触到优秀的教师。

新西兰教育部长帕拉塔表示："新西兰教师质量非常高。在新西兰，教师更能体会到自身价值，他们也相信自己能帮助学生建立良好的价值观，培养敏锐的判断力。而新西兰的家长与学生也应为本国教师感到骄傲。"[2]

六、新西兰未来教育指数全球排名第一

前不久，新西兰在"全球未来教育指数"榜单上超越了美

---

[1] 胡乐乐："新西兰教育部长纵论教育改革与发展"，载《基础教育参考》2006 年第 5 期。

[2] 邓静："新西兰教师质量世界领先"，载《教师》2016 年第 9 期。

国、英国、加拿大、澳大利亚等国家,成了全球未来教育指数排名第一的国家。这份由经济学人智库发布的榜单,共调查了美国、英国、加拿大、澳大利亚、中国、新加坡等35个全球经济体的未来教育指数,并深入采访了17位来自全球的教育专家。[1]

"全球未来教育指数"是为了"评估教育系统在培养学生如何应对快速多变的未来社会方面的效果",更关注各个国家的教育投入(如教育政策环境、教学环境、社会经济环境等),更能反映出一个国家教育给学生未来带来的巨大帮助。

这份报告还分析到,学生在未来所需要掌握的技能包括以下六大类:跨学科能力(Interdisciplinary skills)、创新与分析能力(Creative and analytical skills)、企业家能力(Entrepreneurial skills)、领导能力(Leadership skills)、数字技术能力(Digital and technical skills)、全球意识与公民教育(Global awareness and civic education)。

报告认为,教育的目的是培养一个完整的个体,不只是为了职场做准备,而更多的是做好一个选民、一个邻居、一个家长。新西兰在很多单项考核上夺得第一,如课程框架、教师教育、职业生涯辅导、大学和企业协同、文化多样性等。同时,新西兰政府在教育上的投入比例排名全球第一名。

第二节 新西兰法律教育制度实施的保障

一、规范内容明确是新西兰教育法律制度顺利实施的保障

(一)法律规范明确性是法律的基本属性

2015年3月15日第十二届全国人民代表大会第三次会议通

---

[1] 姜乃强:"新西兰多项举措助力促教育变革",载《教育家》2018年第19期。

过的《全国人民代表大会关于修改〈中华人民共和国立法法〉的决定》第3条规定:"……法律规范应当明确、具体,具有针对性和可执行性。"这是法律明确性原则在我国法律文本中的首次明文规定。法律规则的重要特征之一是其明确性。法律规则是否明确,标志着立法技术的高低和法律制度的完善程度。试想,如果法律规则不明确、模棱两可、含糊不清,岂不是让人无所适从吗?

法律规范的明确性是法律的基本属性,是法律作为社会规范区别于非规范性的决定、命令的基本特征。[1]而主张"法律是使人的行为服从规则治理的事业"的新自然法学的代表人物美国法理学家朗·富勒更是将法的明确性列入了他所认为的"一个真正的法律制度"所应具备的"八项法制原则"之中。[2]同时,法律规范的明确性是公民权利保障的必然要求,"法律是肯定的(Sicher)、明确的、普遍的规范,在这些规范中自由的存在具有普遍的、理论的、不取决于个别人的任性的性质,法典就是人民自由的圣经"。[3]以表达自由的保障为例,如规制表达自由的法律规范——尤其是刑罚规范——不明确,则既无法在事前"公正告知"公众以实现公平处罚违法行为的目的,也无法限制作为法规范执行者的行政恣意裁量权,更会使表达行为萎缩。

(二) 新西兰教育法律规范非常明确

新西兰教育法律规范非常明确,因此能够避免在实施过程中发生的分歧或者争议,保障各项制度的顺利落实。下面,笔

---

〔1〕 张文显主编:《法理学》(第2版),高等教育出版社2003年版,第62页。
〔2〕 沈宗灵:《现代西方法理学》,北京大学出版社1992年版,第58、60、69页。
〔3〕 徐国栋:《民法基本原则解释——成文法局限性之克服》,中国政法大学出版社1992年版,第134页。

第四章 新西兰教育法律制度的实施效果

者试举各部法律中的规范予以说明：

（1）1877年《教育法》附录二列举了12个教育区，并且详细划定了各区的管辖范围，能够防止各区之间因为管辖范围不明而发生纠纷。

新西兰在全国划分了12个教育区，每个教育区都设立有教育委员会，管理本区的教育工作。

（2）1914年《教育法》附录十二列举了不同级别的教师的工资，这也能够有效地避免教师工资数额争议。

而且，法律明确规定了不同级别的教师所发的工资不同，这也能够在一定程度上激发教师的工作积极性。因为教师要想获得更高一级的工资，就必须通过努力的工作，从而达到更高级别的要求。而且教师只要达到了该要求，用人单位就必须提升工资，否则就会构成违法，需要承担相应的法律责任。

（3）1964年《教育法》首先对一些词语进行了解释，明确了这些概念的内涵和外延，也能够有效地防止发生矛盾和纠纷。例如，关于"学龄期"的规定。1964年《教育法》规定：学龄期，就任何儿童而言，是指5岁至15岁的任何年龄，或该儿童不再被要求按照该法第4部分的规定在学校登记册上登记其姓名的任何较早年龄，或者被总干事（经过医务人员或其他被指定为该职位的官员的特别检查后）视为需要交纳特殊学费的儿童。但是，在任何情况下，年满21岁的人均不得被当作是适龄学生。

由于法律明确规定了"学龄期"，因此当政府和家长因为孩子是否达到入学年龄而产生争议时，就可以直接适用法律关于这个概念的解释。因为概念解释得很清楚，学龄期是指5岁至15岁的任何年龄，如果孩子已经过了5周岁的生日，毫无疑问已经进入了"学龄期"，对此问题没有争辩的必要，也无需到法院要求法院进行解释了。

实际上,新西兰的所有《教育法》都有这样的特点,法律在开头或者每一部分的开头都首先要对该法或该部分的一些词语的含义进行界定。这样做的目的主要是使法律规范明确,防止在实施的过程中产生分歧或争议。因为一旦法律规范规定不明确,在实施过程中产生分歧之时,便首先要解决法律含义上的分歧,有时甚至要通过司法解决。如此便为实施制造了障碍、降低了效率。

(4) 1989年《教育法》第20条规定了"6岁至16岁的新西兰公民和居民入学"的义务:除本法规定外,不包括国际学生在内的所有人都必须在该人的6周岁生日日开始到该人第16岁生日日结束的任何时间内在学校注册入学。这一规定能够避免很多实施过程中的矛盾,即使发生诉讼,法院也能够较为顺利地作出正确的判断。

二、配套措施完善是新西兰教育法律制度顺利实施的保障

亚里士多德曾言:"法治应该包含两重含义:已成立的法律获得普遍的服从,而大家所服从的法律又应该是本身制定得良好的法律。"[1]如果国家制定的法律得不到遵守,那么其就相当于一张白纸,进而丧失其制定的意义和价值。既然法律的遵守和服从非常重要,那么如何才能使法律得到遵守和服从呢?其中一个重要的方面就是通过法律制定切实可行的措施,而新西兰法律中规定了诸多此类措施,确保了新西兰各项教育法律制度的顺利实现。下面,笔者将简要叙述几项措施:

---

〔1〕[古希腊]亚里士多德:《政治学》,吴寿彭译,商务印书馆1965年版,第199页。

第四章 新西兰教育法律制度的实施效果

1. 上学的义务

除非其是国际学生,否则6岁至16岁的学生必须在一所注册学校入学。[1]但是,如果离学校的步行距离超过3公里,则6岁学生可不必入学。在学校注册的学生必须在开学时上学。参加中等专业课程的学生只需在特定时间上学。如果一个学生在学校超过4个小时,则视为上过学。

学校董事会和特许学校的主办方有责任采取一切合理措施确保其学生上学。他们可雇用出勤官员,出勤官员可以在出示任职证据后扣留5岁至15岁的人并询问他们,如果认为该人没有充分理由不上学,则可将该人带回家或带回该人入学的学校。警察也有此种权力。

受影响的学生必须在其现行时间表规定的每天的整个时间段上学。运行复合时间表的学校董事会或主办方必须采取一切合理措施,以确保受影响的学生在其现行时间表规定的每天的整个时间段(或多个时间段)都可以上学。

根据管理1989年《儿童、青少年及其家庭法》的部门首席执行官的建议,教育秘书可以指示公立学校的董事会在该校招收18岁以下的特定学生。这样的指示超越了学校现行招生计划的规定。教育秘书需采取合理措施与学生的父母、学校董事会、行政长官和其他合适人员进行协商。

学校校长需按照教育秘书在宪报公告中规定的规则保留招生记录,当学生离校时,必须采取一切合理措施将该生的招生记录发送给其新学校。[2]

---

〔1〕1989年《教育法》第20(1)条,经2011年《教育法修正案》第13条修订。"国际学生"是指非国内学生。"国内学生"参见1989年《教育法》第2条,经2011年《教育法修正案》第4(2)条修正。其包括新西兰公民和居留证持有人。

〔2〕关于特许学校,校长是学校主办方分配管理入学记录的人:第77A(5)由2013年《教育法修正案》第17条插入。

1877年《教育法》为了确保孩子们能够按期入学,甚至在附录三中制定了"致家长的信",由此可见新西兰教育法律的措施具体到了何种程度。法律规定得如此完善,再加上一群能够认真执法的仁人志士,何愁法律实现不了?下面就是附录三"致家长的信":

致 A.B.

在此,您必须将您7岁至13岁的孩子C.D.送到公立学校;如果您没有做到这一点,您将被传唤到治安法官面前,为这种疏忽负责。

如果您的孩子(1)在公立学校以外的地方接受有效的教育,或者(2)由于疾病或不可避免的原因而无法上学,或者(3)如果孩子的住所和最近的公立学校之间的道路对您的孩子来说不够畅通,或者(4)如果您从政府学校督学或任何公立学校的校长处获得书面证书,证明您的孩子达到了《条例》规定的教育标准,并且如果您向学校委员会证明了这些事实中的任何一个,您将获得免除您送孩子上学的证书。

E.F.,
……地区学校委员会职员[或成员]

2. 违法的处罚措施

1877年《教育法》第93条规定:"如果任何父母或者监护人在经任何2名治安官员命令将孩子送到公立学校后,拒绝服从该命令,或者说已经服从了一段时间但是没有足够的原因停止这样做,这样的父母都应该承担不超过40先令的罚款,如果父母还是没有遵守上述的命令,则可以逐周采取同样的程序。"

根据本法,任何信息或投诉,无论是重新处罚还是下令送孩子上学,在有相反证据成立以前,声称孩子年龄在7岁至13

岁的指控均应被视为事实的充分表面证据。在每个案子中，任何孩子的父亲、母亲或者监护人都可以作证（不遵守法官命令的惩罚）。

1914年《教育法》第129条规定："任何家长、学校教师（公立或私立）、警员或慈善机构或亲属机构的官员，如知道失明、失聪、弱智或癫痫儿童的住所（临时或永久），以及该儿童居住的户主，均应将该事实通知牧师，并提供该儿童的姓名、年龄和地址；如该等人疏忽或未能遵守本条，一经定罪，该等人可被处以不超过一磅的罚款；如属第二次或其后的罪行，不论与该名儿童或另一名儿童有关，则可被处不超过5磅的罚款。"

1964年《教育法》第116条规定："未能登记儿童的罚款：……凡是被要求依本法设立之小学、中学、特殊学校、函授学校或其他注册学校登记簿上登记儿童没有这样登记，孩子的父母即属犯罪，一经循简易程序定罪，可对其处以不超过20磅的罚款。"

1989年《教育法》规定："如果学生被要求入学而未入学，则其父母将被处以最高3000新元的罚款。被要求上学或在函授学校就读但不参加本课程所要求课业量的学生父母违法的，可能会被处以最高每个上学日30新元的罚款。但是，第一次违法的罚款不得超过300新元，第二次或以后的罚款不得超过3000新元。干扰或阻碍出勤官员的属违法行为，最高可处罚款1000新元。"

违法行为由地区法院处理。证明学生入学或上学的义务由学生父母承担。

在学校场所或学生聚集用于学校目的的其他场所，在任何学生在场或听证会时对教师或学校工作人员进行恐吓、侮辱或虐待是一项违法行为，将被处以最高1000新元的罚款。

为了确保法律的实现，1989 年《教育法》甚至将某些危害法律实施的严重行为作为犯罪处理，如规定了其他犯罪，包括与幼儿中心运作有关的犯罪、幼儿中心的进入和检查、特殊教育课程入学的学生、在校学生的入学和出勤、雇用儿童、高等教育机构信息披露、获得学生津贴的权利、学生津贴的偿还、私人培训机构提供信息以及其他一般犯罪。

三、充足的经费是新西兰教育法律制度顺利实施的保障

新西兰政府规定，6 岁至 16 岁的孩子必须上学，包括小学。全国 66 万中小学生就读于 2800 多所公立中小学校，政府每年用于中小学教育的投入超过 20 亿新元。在新西兰上大学并不难，新西兰高中毕业生上大学的比例约为 30%。新西兰的高等教育体系共由 8 所公立大学、29 所理工学院、4 所教育学院构成，提供从学士到博士的所有课程。高等教育由政府拨款并实行自主管理，新西兰政府每年对高校的投入约为 2.5 亿新元，占 GDP 的 1.9%（对整个教育的投入占 GDP 的 5%）。政府在经费投放上按照政府规定的招生数目（多招不给）和大学功能的不同而公平分配，比如奥塔哥大学的投入为 45%，维多利亚大学的投入为 50% 等。这有点像我国高校的生均拨款，但不同的是新西兰是按毕业学生获得的学位数量来拨款的。[1]

1990 年 10 月选出的新的国家政府相当重视教育，并于 1990 年 12 月宣布对教育开支和政策进行重大审查。到 1991 年 4 月，已经完成了 17 项独立的审查。政府于 1991 年 7 月又发布了名为《教育政策：投资于人民——我们最大的资产》的决定。基本上，新的国家政府保留了未来学校改革的大部分内容，并通过

---

〔1〕 郝南明："新西兰教育特点及其启示"，载《文山学院学报》2011 年第 1 期。

第四章　新西兰教育法律制度的实施效果

更好的管理实践寻求节约。政府还寻求扩大选择范围,并恢复对工党政府终止的独立部门的财政援助。

政府于1991年采用新制度资助高等教育,大专院校基于学生人数及修读课程数目获得了大量资助。研究权利政策于1992年实施,政府为学生的学费支付补贴,学生贷款融资计划亦于1992年推行。在接受高等教育的年轻人比例方面,新西兰仍然落后于其他欧美国家,故其目标是增加16岁至19岁的青少年接受高等教育的人数。

为了保证公民接受高等教育的平等权利,帮助经济条件较差的学生完成学业,新西兰政府于1992年开展了"学生贷款项目",向进入大学的学生提供助学贷款。这种助学贷款不属于商业贷款,与商业银行无关,贷款风险由政府承担。根据新西兰的法律规定,学生毕业后若未找到工作,无需考虑还贷问题。只有在找到工作后才开始归还贷款。助学贷款的偿付和免息处理由国税局负责。国税局根据个人所得税缴纳情况确定毕业生的收入水平,并据此判断其是否应当履行还贷义务。如果隐瞒收入逃避还贷,一经查出便会记入个人信誉的不良记录,其负面后果将非常严重。新西兰的税收征管制度十分健全,隐瞒收入、恶意拖欠贷款的可能性很小。这种制度既为学生的学习提供了经济保障,又较好地规避了贷款风险,同时也是最为实际的诚信教育。此外,新西兰政府为了鼓励成年人继续接受高等教育,提高全民素质,还设立了多种困难补助以排除其后顾之忧。具体包括:学生失业困难补助、住宿补贴、学生附加津贴以及各种额外资助。[1]20岁至40岁的新西兰公民接受过高等教育并获证书的人占公民总数的40%以上。

---

[1] 祝怀新、汪萍:"20世纪80年代以来新西兰高等教育资助策略探析",载《外国教育研究》2007年第9期。

四、积极采取各种措施是新西兰教育法律制度顺利实施的保障

《孟子·离娄上》曰:"徒善不足以为政,徒法不能以自行。"《荀子·君道》曰:"有乱君,无乱国。有治人,无治法。"从两位圣贤的话中我们可以看出,即使法律制定得再好,如果没有善于实施法律的人才,不积极主动地采取措施实施法律,法律也是难以实现的。新西兰虽然早在1877年就制定了《教育法》,但是当时的各种条件和环境实际上是非常困难的。不过,新西兰人还是克服了各种困难和障碍,最大限度地实现了教育法律的各项制度,取得了不少成就。

乡村学校经常资金不足,导致许多学生无法满足出勤要求。在冬天,恶劣的天气和崎岖的道路、感冒和流感往往会阻碍他们上学。在夏天,他们被留在家里帮助完成割草等任务。在19世纪,孩子们经常被留在家里帮忙做家务(如收割庄稼)。一些学校调整了他们的假期,因此在繁忙的农业期间出勤率低并不意味着削减资金。在19世纪80年代和90年代,坎特伯雷地区的学校在1月或2月放暑假,这取决于收获庄稼的时间。

在人口稀少的地区,各地教育委员会几乎不可能提供足够的学校。一些富裕的农民可以将孩子送到寄宿学校,或雇用家庭导师和女家庭教师。但是,如果他们不在学校的步行或骑行距离内,许多乡村儿童便将丧失接受教育的机会。

在大型城镇学校,班级按年龄划分,而乡村学校的学生则在一两个教室里一起上课。父母希望他们在阅读、写作和算术方面获得基本技能,这样他们就可以学习贸易、处理账目、测量土地和农作物,并参加社区活动。

但是,农村的学生和教师面临着困难。有经验的教师不容易被乡村学校所吸引。老师们经常和那些还在学习的大一点的

第四章 新西兰教育法律制度的实施效果

学生老师分担他们的工作量。针对很少上学或由于上学前不得不挤奶而精疲力竭的孩子的教学是一大挑战。1927年，新西兰共有2601所小学，这个数字在此之前或之后都从未达到过。其中，81%的小学只有一两位教师。这些以农村为主的小学为大约30%的小学生提供服务。

为了提高效率，政府在早期决定关闭一些学校，并把学生从更广泛的地区带到中央、设备更好、"综合"的学校。第一所是皮奥皮奥区学校，于1924年在国王郡开办，20世纪二三十年代又开办了更多。由国家政府通过的1992年《教育法修正案》通过建立更大的中心学校，减少了学校的数量。此外，农业的衰退导致人们离开农村社区。

作为改革的结果，许多乡村学校消失了。这种情况在1999年至2006年继续存在，农村地区有148所中小学关闭。2006年，2488所公立学校中只有30%是农村学校。农村人民哀悼失去了一所学校，这所学校在家长教师联系会的努力下经常得到维护和改善，并为社区活动提供了场所。他们的孩子不得不长途跋涉去另一所学校。同时，社区学校的数量也有所下降。截至2006年，751所农村小学和中学的儿童仅占新西兰总学校人口的8.2%。自1991年以来出现了下降趋势。相比之下，在主要城市上学的儿童比例有所上升。

自20世纪70年代以来，农村教育服务发生了一些变化。例如，playcentres和kōhanga reo（Māori语言巢）现在在农村地区是最常见的学前教育。1989年的改革结束了国家教师服务制度。现在，乡村学校获得了人员激励津贴，这样他们就可以提供有竞争力的工资。由于隔离所产生的成本，其得到了额外的资金。继续提供的服务包括农村教育活动方案、学校交通补贴和公共汽车，以及为必须离家上中学的学生提供寄宿助学金。

新西兰在消除城乡教育之间的差异方面做了大量工作。农村学生可以得到交通补助，而家长用自己的小汽车接送孩子上学的费用也能够被地方教育管理部门报销。有些中学甚至可以为农村的学生提供膳宿。新西兰的农村是没有中学的，因为新西兰农村人口特别少。新西兰国家教育部为了给边远地区的学生提供令人满意的教育，成立了一所提供全日制中小学课程的函授学校，它能满足因长期生病或其他原因不能入学的人的需要。学校会把详细制定的课程邮寄给学生，并通过电台和电视台定期上课。此外，老师还经常对学生进行家访，并定期举办"学习周"集会，把所有这类学生召集到城里，以便学生有机会进行集体活动。[1]

五、经常检查督促是新西兰教育法律制度顺利实施的保障

新西兰的教育工作者虽然积极肯干，但是也有懈怠或失误的时候，这时就需要有人对其进行检查督促，保证教育工作或活动按时完成。督察制度正是为适应这一需要而建立的，几部教育法对其都有类似的规定，但称谓有所不同。

（一）1877 年《教育法》和 1914 年《教育法》的相关规定

1877 年《教育法》第 74 条规定："在每个学区，委员会在先前获得该学区的学校董事会的明确批准下，设立一所或多于一所公立学校。"

校务委员会接受学校董事会的一般监督管理，并接受校务监察人员（Inspector）的检查。

1914 年《教育法》第 56 条（6）规定："学校应随时开放，接受院长或助理院长、监察员、学校董事会或部长任命的任何

---

〔1〕 赵友斌："新西兰的教育"，载《英语知识》1998 年第 10 期。

其他官员访问。"

第134条（4）规定："注册学校的监察员或教师可以按照规定为该校学生进行体格检查，并可以要求学生家长提供在进行体格检查或与体格检查有关的一切必要的合理资料。"

（二）1975年《监察员法》(the Ombudsman Act 1975) 的相关规定

1975年《监察员法》(the Ombudsman Act 1975) 适用于教育部、教育审查办公室、学校董事会、学习媒介有限公司、新西兰资格认证管理局、教师注册委员会、职业服务局、专业教育服务机构、根据1989年《教育法》第十四部分成立的机构（即教育学院、理工学院、大学和毛利大学）、太平洋岛屿波利尼西亚教育基金会、高等教育委员会、副校长委员会、塔拉塔希农业培训中心（怀拉拉帕）信托委员会。因此，这些机构的决定是监察员调查的对象。

（三）1989年《教育法》的相关规定

1. 警方对非教学的、未注册雇员、许可的合同方和幼儿服务机构的审查

获幼儿服务许可的服务提供者，必须接受警察对其任命或打算雇用的工作人员、幼儿服务的岗位以及在正常开放时间服务的工作人员的审查。[1]同样，获幼儿服务许可的机构必须接

---

[1] 1989年《教育法》第319D条，已被2010年《教育法修正案》第69条废除和取代，该条废除并取代了1989年《教育法》第319D～319FE。参见该法第75条关于警察审查的过渡条款。"幼儿服务机构"是指幼儿教育和托管中心、基于家庭的教育和托管服务机构以及基于医院的教育和托管服务机构：1989年《教育法》第309条。关于"幼儿教育和托管中心"的定义见第310条，关于"基于家庭的托管服务机构"和"基于医院的教育和托管服务机构"的定义见第309条。关于"幼儿教育和托管中心"的定义，另参见第4段。《教育法》第31部分（第348～375条）关于教师注册的规定，请参照第348条关于"幼儿教育和服务中心"的单独定义。

受警察对每一位合同方或合同方雇员的审查,该雇员可以或可能在机构正常开放时间内不受监督地接触儿童。

该警方审查必须在该人可以或可能在机构正常开放时间不受监督地接触儿童之前进行,且必须在该人开始工作之后 2 周内进行申请。申请警方审查的服务提供者必须严格遵守保密规定,且必须对有关人员采取不利措施,直到该人确认警方在审查中掌握的信息,或给出合理机会确认该信息,只是没有在合理时间内这样做。警方审查从第一次审查起必须每 3 年进行一次。

2. 进入和检查幼儿教育和托管中心

教育审查办公室的审查职能延伸至幼儿中心。首席审查官和任何审查官员均可在给予机构合理通知后,在合理时间进入该组织的场所执行这些职能并进行检查或查询、获得文件或信息,并从该组织雇用的人员或参与其管理的人员那里获得陈述。他们还可以检查正在或已经提供合适服务的任何人的工作,或者与正在提供或已提供合适服务的人交谈。

只要孩子在场,儿童的父母或监护人就有权进入获许可的幼儿教育和托管中心,或者获许可的提供基于家庭的教育和托管服务的场所。除非家长或监护人有以下情况:一项法院命令,禁止一般性地或在儿童参加中心或服务的过程中靠近或接触儿童;根据 1980 年《非法入境法》作出警告,要求离开场地;患传染性疾病,如果传染给儿童,可能会对其造成不利影响;被该中心或服务机构负责人员认为有以下情形——在酒精或任何其他对该人的功能和行为有不利影响的物质的影响下表现出或有可能有破坏该中心或服务有效运作的行为。

1989 年《教育法》规定,任何获得教育秘书授权的人都可以确保根据该法制定的条款和条例或发放的许可证、证书或补助金条件得到遵守或执行,或在合理的时间通过以下方式进行审计：进入并检查任何获许可的幼儿教育和托管中心的场所，或用于获许可的提供基于家庭的教育和托管服务的场所，或获许可的提供基于医院的教育和托管服务的场所，或经过认证的游戏小组场所；检查、复印、打印或复制任何文件（无论是电子文件还是纸质文件），此类文件是其有合理理由认为是获得许可的幼儿服务机构或认证的游戏小组的文件；删除任何文件，无论是原始格式还是电子版或纸质版。

所有此类书面授权必须包括对此特定法定条款的提及、授权人员的全名以及赋予该人员的权力声明。授权必须在首次进入房屋时向房屋的负责人或拥有或控制账簿、记录或账户的人（视情况而定）出示。同样，在随后负责人的合理要求下也必须出示。如果行使这些权力的人有合理理由相信该场所被幼儿教育和托管中心违规使用，可以申请获得进入场所的搜查令。[1]

地区法院法官、和平法官、社区法官、书记官长或副书记官长可以发出搜查令，只要其认为有合理理由相信该场所的使用违反了条例规定。搜查令授权其中指定的人在其发出日期后4周内的任何合理时间进入该处所，并做出必要的事情以确定该处所是否被违规使用。这包括观察任何在场儿童的权力。

任何无合理理由而阻碍、妨碍、抵制或欺骗行使入境权的行为均属违法。

3. 检查

公立学校和私立学校均受1989年《教育法》的检查。教育部长可书面授权人员访问和检查注册的私立学校或公立学校。该人可以检查、复印、复制到磁盘或者打印出其有合理理由认

---

〔1〕搜查令的申请必须以书面形式向地区法院法官、和平法官、社区法官、书记官长或副书记官长提出并宣誓。有关条例请参见1998年《教育（幼儿中心）条例》（SR 1998/85）。

为属于学校董事会的文件,并可以从学校中带走文件。如果文件被带走,其清单须留在学校,且须尽快归还,除非它会影响教育部正在进行的调查。检查的权力包括获取学生的书面和录音制品,以及与其进行会见和交谈的权力。

每一个被教育秘书授权的机构在进行检查时均需说明授权人的全名、所依据的条款及其被授予的权力。该人员必须在首次进入学校处所或随后被负责人要求时,向该处所或文件负责人出示以上内容。

第五章 CHAPTER 05
新西兰教育法律制度的经验启示

新西兰的学校从近代开始就受到了英国人对教育的高度精英主义态度的影响。尽管有这样的背景和殖民管理者的影响,新西兰从人类早期就开始接受免费的公共基础教育。直到第二次世界大战后,免费的公立中学教育才得以普及。今天,新西兰的教育工作者正在努力解决一些其他欧美国家也同样遭遇了的教育问题。

但是,新西兰的教育事业毕竟取得了多项辉煌的成就,值得我们国家学习和借鉴。虽然中国和新西兰的国情不尽相同,不过两国在教育上还是存在着不少相同之处,例如教育的目标都是提高国民的素质,两国都制定了多部教育法律法规。因此,我们有必要总结一下新西兰的有益经验,以便为我所用。

第一节 新西兰教育法律制度的基本经验

一、报告制度有利于新西兰不同的教育主体之间实现顺利的沟通和交流

新西兰人非常重视报告制度。其是实现信息畅通的重要途径和渠道,因此新西兰教育法的许多条文都规定了报告制度,

以期通过报告进行顺利的沟通和交流。

1930年的《阿特莫尔报告》是一份具有里程碑意义的重要文件,其中建议的许多措施最终都得到了工党首相彼得·弗雷泽的支持。弗雷泽在20世纪30年代末和40年代推动了重大改革。[1]

1944年的《托马斯报告》为所有人制定了一份共同的、核心的和免费的中学课程的文件,这种情况持续了50年。它引入了学校证书,在第五表格结尾处进行了一系列考试,取消了大学入学考试,其被第六表格结尾处进行的一系列考试取而代之。教学大纲的材料来自实践和学术两方面,其附加目标是迎合能力、兴趣和背景迥异的学生。尽管包括识字、算术、科学、社会研究、体育和工艺美术等核心课程,但有人认为,性别差异和分流的做法与平等的言辞背道而驰。老师们认为,按照对智力智商的有限评估(现在被认为是),学生们被分到不同的能力班学习效果更好。课程被分为学术课程、商业课程、家政课程和贸易课程,学生们可以获得不同版本的核心课程。[2]

第一份报告《卓越管理》由怀卡托大学的彼得·拉姆齐教授、惠灵顿师范学院讲师玛格丽特·罗萨默吉所著。社会学家、达尼丁商人、奥塔哥大学理事会成员科林·怀斯顿,财政部的西蒙·斯梅尔特(Simon Smelt)和国家服务委员会(State Services Commission)的玛丽克·罗宾逊(Marijke Robinson)加入了这个特别工作组。他们在其中发挥了重要作用,有时还会引发争议。这份报告综合了良好的教育原则和一种商业模式,其中不

---

[1] P. J. Gibbons, "The Climate of Opinion", *The Oxford History of New Zealand* (2nd ed.), 1992, p. 329; Robert Chapman, "From Labour to National", *The Oxford History of New Zealand* (2nd ed.), 1992, p. 359.

[2] Melanie Nolan, *The New Oxford History of New Zealand*, Oxford, 2009, pp. 379~380.

乏妥协之处，反映了审议工作的内部紧张局势。这份报告以其主席、超市巨头布莱恩·皮科特（Brian Picot）的名字命名，被称为《皮科特报告》（The Picot report）。[1]

第二份报告名为《未来学校》（Tomorrow's Schools），由鲁宾逊大学（Robinson）和斯梅尔特大学（Smelt）的官员起草，但没有教育家参与。这份报告被新西兰新任教育部长戴维·兰格（David Lange）及其同事接受为新西兰学校体系未来组织的蓝图。马斯特顿马库拉学院（Makoura College）的诺埃尔·斯科特（Noel Scott）校长访问了加拿大，回来后与兰格进行了交谈；他也对未来学校的概念做出了贡献。

二、改革有利于新西兰教育法律制度的修正和完善

1852年制定的《宪法法案》（Constitution Act）将新西兰分成6个省，各省独立议会管辖之下的教育制度并不一致。19世纪70年代，由于新西兰南北经济发展的差距扩大，学童的就学机会不均等，贫困地区的"街头流浪儿童问题"引起了中央政府的高度重视，遂于1877年订定《教育法案》（The Education Act）以规范学童入学的强制性与平等权。

1903年订定的《中等学校法》（Secondary Schools Act）明确规定小学毕业生通过中学入学考试即可入读中学。1914年修订的《教育法》（Education Act 1914）则明确将义务教育延长至中学。1936年起，新西兰进一步废除中学入学考试，免试入学制度使新西兰的13年义务教育得以全面实施。

1942年，新西兰政府提出《托马斯报告》以宣示小学阶段之后的学生也有平等的受教权，并且依据当时的大学入学考试

---

[1] Roger Dale and Joce Jesson, "Mainstreaming Education: The Role of the State Services Commission", *New Zealand Annual Review of Education*, 1993, p.7.

(University Entrance)设计出了一个新的学校认证考试(School Certificate Examination)制度,借以评鉴中学生的能力与学习成就,此制度自 1944 年开始实施,数年后出现了学生过度竞争与重视文凭的现象,并引发了精英教育和国民受教权不平等之质疑。1962 年,政府在深入检讨之后提出了《科里报告》,确认这个教育制度应该持续,除了再次强调全国教育的机会均等,也指出政府应该为教育体系提供了更多协助。

1988 年,新西兰知名的企业家布莱恩·皮科特(Brian Picot)成立了皮科特委员会以推动教育改革,《皮科特报告》指出当时新西兰的教育体制过度集权,教育事务的协调性和管理绩效皆欠佳,改革势在必行。1989 年起,除了对教育部的行政组织进行彻底改造,教育部的名称也从"Department of Education"改为位阶较高的"Ministry of Education"。

这一波改革中最引人注目的是"明日学校"(Tomorrow's School)政策的推出。其主要内容如下:①制定统一的新课程大纲;②推动国家学历资格体制(National Qualification Framework, NQF);③研议教育成就国家证书(National Certificate in Educational Achievement, NCEA)制度;④实施国家评鉴计划;⑤将教育经费拨款方式改为依入学人数分配经费;⑥施行学校支持方案与学校自我管理财产计划;⑦废除地方教育委员会组织;⑧各校改以推选方式成立学校董事会(信托管理委员会)以取代旧有的董事会。

1989 年,当时执政的工党政府开始推动自由市场化,试图松绑诸多政策以提升经济竞争力,国家整体政策逐渐由以往的"追求平等"转为对市场导向与管理绩效的诉求。因为权力由中央下放给学校,"明日学校"教育改革特色得以从学校与社区的紧密联结中凸显出来,家长社会经济背景较佳、校长领导能力

第五章 新西兰教育法律制度的经验启示

强的中小学明星学校陆续出现。很多人相信，这种现象与学校董事会参与运作、在符合社区需求情况下进行的细腻管理关系重大。

新西兰于1990年至1999年、1999年至2008年、2008年至2017年经历了三次政党轮替，但执政党并未对中小学教育做出重大变革。2002年开始实施的中学NCEA制度实际上是"明日学校"政策的延续。由于学校董事会的支持，许多公立中小学引入了CIE剑桥课程和IB国际文凭课程，家长和孩子有了更多的选择，新西兰的中小学教育得以免于沦为"一言堂"。

根据工党政府拟议中的"明日学校"政策变革，学校董事会目前的许多关键权力将被转移给分布于全国的20个教育枢纽（Education Hubs）。每一个教育枢纽负责管理大约125所学校，原来的学校董事会面临着被夺权的危机，众多校长们集体反对的症结就在这里，新西兰人和华人等各族裔家长的不满声浪也越来越大，更有人认为这样的改革难脱"先射箭再画靶"之嫌。

三、纠纷司法化有利于新西兰教育管理者及时改正错误

尽管各级教育都继续感受到消费主义的影响，但在高等教育领域，这种影响最为明显。有人认为，新的消费主义学生有可能重新定义学生和大学之间的关系，并调整以前学生对学术的尊重。[1]过去20年推行的教育政策导致人们认为高等教育机构（如大学、理工学院和教育学院）是"服务行业"的一部分。

获得大专学历现在已经成了一项极其昂贵的事业。据估计：在英国，一名学生获得学位的平均费用为1万英镑（约2.5万

---

[1] At the time of writing the Minister of Education has stated an intention to issue a Green Paper which introduces a market model to tertiary institutions by deregulating the tertiary sector with public and private providers competing equally for funding—*The Dominion*, Wellington, August 12 1997, 10. This is in line with intentions announced by the Australian and United Kingdom governments.

新西兰元）。[1]英国巴克莱银行1996年的一项调查显示：1996年学生的平均债务比1995年上升了32%。政策研究所基于对1971年学生和73所院校的采访发现：1995年至1996学年学生的平均收入为3615英镑，消费为5091英镑。在新西兰，1996年大学或理工学院全日制学生的平均学费分别为2760新元和2414新元。这个数字还在上升。大学生的其他主要费用大约为5974新元；典型的（平均）每周生活费（包括交通、食物和住宿）为350新元。学生被迫在他们的学习时间之外长时间工作，用学生贷款、信贷、储蓄和延期付款来补充他们的收入。

任何参与高等教育行政或学术工作的人士都不能怀疑学生现在有更高的期望。即使是那些在日报上随便查看教育新闻副刊的外行人也必须清楚地看到，学生们越来越愿意提起诉讼，以支持这些期望。得克萨斯大学教育学院在美国进行的一项研究回应了这一结论。该研究认为，学术事务在未来十年内被认为具有很高的诉讼概率，并引用了格林的预测："随着学生平均年龄的增长，成年年龄的降低，以及经济困难时期，对行政人员和机构提起诉讼的数量将继续增加。"正如《泰晤士报》报道的那样，这似乎也是英国的趋势："伯明翰的律师事务所马丁诺·约翰逊（Martineau Johnson）有大约60家教育机构作为客户。"它的教育部门的工作量在4年内飙升了500%。西蒙·阿罗史密斯——一位系主任——说："学生越来越意识到自己的'权利'，也越来越愿意提起诉讼。"毫无疑问，学生的地位已经从追求高等教育的一般目的下属地位转变为服务的消费者，这种转变的效果还有待体现。

有很多迹象均显示，高等教育正面临压力。资金限制意味

---

[1] G Slapper, "Judging the Educators: Forensic Evaluation of Academic Judgement", *Education and the Law*, Vol. 9, No. 1, 1997.

着各机构必须采取更大的措施来平衡预算;增加讲座和教程的数量,增加对讲师时间的要求,更加强调在国内和国际上吸引学生的努力。所有这些因素都有可能影响学校所提供的教育的质量。

除了提供高质量的课程外,更重要的是要向学生提供与他们所参加的课程有关的明确、准确的建议和信息。同样重要的是,各机构确定其政策的依据是,它们的主要目标是以不低于所提供的质量的方式开办课程。重要的是,学生应被视为大学或理工学院运作的重要组成部分,他们的教学应被优先考虑。学生现在可能有一个强有力的工具,即目前的消费者立法,以确保其优先地位得到维持。

第二节 新西兰教育法律制度的主要问题

2018年4月,新西兰教育部长克里斯·希普金斯(Chris Hipkins)任命成立"明日学校独立专案组",专案组主席巴里·哈克(Bali Haque)于12月中旬向教育部长提交了一份长达146页的报告。其在"我们的任务"篇章即开宗明义指出:"我们要确保在白云之乡新西兰的每一个儿童,都能获得我们力所能及的最高质量教育,没有一个儿童被落下。"专案组在报告中分析了八个主要问题:

一、学校董事会自治模式从全国范围来看没有取得一致的良好效果

(一)学校董事会难以应付太大的责任和工作量

一些学校董事会成员,尤其是来自更高等级和更大的学校董事会成员,对他们履行治理职责的能力非常有信心。学校董事会的责任和工作量太大,特别是在财产、健康和安全、财务

和学生纪律方面。学校董事会并不总是能够在任命校长时作出正确的决定，这可能会给学生和学校带来严重的问题。学校越来越多样化，但这种多样性通常不会被反映在学校董事会的组成中，学校董事会并不总是有效地覆盖他们的社区。

（二）学校董事会的角色和职责范围太广

学校董事会的法律责任自 1989 年以来一直在增加。目前，学校董事会需要遵守至少 37 项议会法案。[1]并非所有学校董事会都有时间、技能或专业知识来履行这些复杂而广泛的责任和支持。许多受托人和校长告诉我们，他们欢迎学校董事会的职责减少并获得更多支持，以便他们可以更多地关注学校的核心工作：教学和学习以及学生的福祉和参与。

（三）学校董事会广泛的职责往往由校长履行

现实情况是，在许多学校，学校董事会的大部分工作都落在了校长身上。太多的校长时间被那些基本上与他们作为学习领导者的核心角色相关的事务所占用。全国调查显示，只有少数校长可以为教育领导部分安排足够的时间，或者有可管理的工作量。[2]有大约一半使用新西兰学校信托协会的咨询服务的人是校长，这说明了校长的高管理负荷。如果校长无法充分关注他们工作中最重要的部分——学习和教学的质量——很难看出我们如何才能提高学生的学习和成绩。

（四）很难组建具有适当专业知识和能力的学校董事会

一些受托人、校长、父母和其他人提出可招聘具有与学校董事会职责相关的特殊专业知识的人员，例如财产、财务或法律。其他人发现拥有这种专业知识的受托人并不能确保学校董事会作出正确的决定，更重要的是学校董事会往往不能很好地

---

〔1〕 包括教育相关立法以及所有公共实体和许多私人实体必须遵循的其他法。
〔2〕 NZCER 公立学校调查 2016 年（小学）和 2015 年（中学）。

理解教育和治理。鉴于校长在确保和提高学校质量方面的关键作用,任命校长是学校董事会最重要的工作。我们经常可以看到那些与学校合作的人员,在这些过程中没有很好地执行职责,因为学校董事会成员难以对其进行适当的评估。错误的人被任命为校长会对儿童和更广泛的社区产生重大影响。

(五)学校董事会职责给受托人带来了沉重的负担

家长和社区成员告诉我们,目前对学校董事会的要求使得人们无法参选。一些受托人告诉我们,他们作为受托人所承担的责任与他们被提升为学校董事会成员时的想法非常不同。

受托人工资的支付由学校董事会确定。对于任何其他学校董事会成员,每次董事会会议(每年最多825美元)的费用为75美元,每次董事会会议费用中的55美元(每年最高为605美元)会被作为报销费用。制定这一标准是为了确保这一角色不被视为次要(用于税收目的),进而反映学校董事会成员所承担的角色和责任的真实价值。[1]因为费用来自学校经营补助金,所以许多受托人不愿意接受。

在过去的30年里,社会也发生了重大变化。工作、家庭构成和财务压力的变化意味着找到合适的学生父母和其他有很长时间承担学校董事会成员职责的人可能会越来越困难。

2016年是学校董事会选举年,43%的学校没有对学校董事会进行投票,因为没有竞选职位。大约1/5的学校董事会没有他们应该拥有的5名家长受托人。虽然学校董事会的选举是学生父母行使民主权利的主要机会之一,但2016年全国只有22%的家长返回了投票文件。

---

[1] 因此,此项付款不需缴纳预扣税。1989年《教育法》第88(2)和88(3)节。

二、学校教育的提供情况呈现不足状态

(一) 毛利人对自己的语言、文化和身份的渴望难以得到满足

接受无障碍、相关和有意义的学校教育是所有新西兰人的权利。但是,这在目前存在重大问题。虽然毛利人占学校人口的25%,但学校提供的教育条款允许学生在毛利语中学习,这不足以满足毛利人对自己的语言、文化和身份的渴望。[1]毛利语言的提供必须适用于所有人,因此,儿童必须成为整个学校教育网络不可分割的一部分。

在目前的系统中,学校可以根据自己的兴趣决定它们为学生提供的设施和课程。他们不需要考虑更广泛的学校社区的集体利益,或者其他地方已经存在的学校教育条款。毛利人学校教育的潜力尚未被完全发掘,这通常被认为是由于缺乏熟练的毛利语教师、研究和资源,以及一个更连贯的长期计划。

然而,建立这些环境的重大障碍还包括官僚障碍,缺乏政府投资,无法支持其他毛利人社区进入这一过程。显然,目前的毛利人条款不公平地限制了许多毛利儿童及其他人的选择。他们往往必须在从一个这样的环境过渡到另一个环境时作出重大的个人承诺和投资。尽管政府已经了解了很多关于这种转变的情况,[2]但还没有提供有效的支持。

---

[1] 2017年,25%的学校人口,192 430名学生被确定为毛利人。2017年所有在校学生中有2.4%的学生参加了1级~2级毛利语课程。在英语中学,34%的毛利学生接受了2级~3级的毛利语浸入式学习。这些毛利族学生中有18 994人(9.9%)在毛利人的中等教育中[他们至少有51%的时间被教授毛利语课程(毛利语水平1级~2级)]。其中,5930名学生参加了库拉考帕帕毛利人学校、3371人参加了NgāKuraa Iwi。毛利中等教育的毛利学生中有58.7%(11 149)在毛利中学(所有学生都参与毛利语媒体的学校)学习。

[2] M. Berryman and T. Glynn, *Transition from Māori to English*: *A Community Approach*, Wellington, New Zealand: New Zealand Council for Education Research, 2003.

第五章　新西兰教育法律制度的经验启示

(二) 毛利语和太平洋语言的教学途径仍然很脆弱

与此同时，毛利语的教学在中等国家教育部门得到了发展，但从幼儿教育到大学的连贯的毛利语途径在全国范围内仍然不明显。毛利语言的提供是脆弱的，通常是由学校内的一个小单位创建，缺乏人员和资源以及教育学和学习方法的变化。学校可能由于无法充分配备这些小单元而不得不关闭双语单位。

在太平洋地区人口众多的地方，双语教育以几种太平洋语言的发展为主。太平洋家庭是43所学校提供太平洋双语服务的推动者。[1]这项规定取决于委托人和委员会的知识、专长和动力，拥有这些的学校获得了专家领导者和双语提供者的支持。但是，新西兰并没有提出针对太平洋双语单位的国家战略。

(三) 从小学到中学的学习没有得到更好的支持

对于就读于新西兰115所中学的学生而言，从小学到中学，连续几年有两个过渡点，在青春期早期发生的这些转变点期间，教育者需要确保儿童的健康和归属感。

据接受采访的一些中学校长所说，他们在这两年里为支持儿童和年轻人做了许多出色的工作。当然，所有人都同意，更长时间的"中学教育"将为学生提供更大的稳定性，并为他们的学习和福祉提供更好的支持。当然，这两年中学教育模式不必要地破坏了学生的学习途径，应支持网络向中学教育方式迈进。

这种方法可以促进高级学院的发展，涵盖11岁至13岁的学生。如果成立，高级学院将提供比大多数中学更多的课程。

高级学院也将标志着学校教育的"资格阶段"。它们可以使学校领导者放弃更多规则和规定，这些规则和规定在标准中学

---

[1] 截至2017年，43所学校提供太平洋中等/浸入式教育。其中，小学30所、中学12所、综合学校1所。

可能是必要的。例如，高年级学生（11岁至13岁）可能不需要穿制服，可以在不同时间上学，他们可能会游走在学校和大学之间，甚至在学校和就业之间，接受培训或积累工作经验。

当然，在新西兰的一些地方，由于地处偏僻，高级学院可能难以建立。农村地区更有可能面临这些挑战。

地区学校通常位于农村地区，为1岁至13岁的学生提供服务。然而，在大多数情况下，地区学校发现在高中教育阶段很难提供课程的广度和质量，因为在这个阶段的学校教育课程相对较少。因此，他们经常需要依靠Te Kura和虚拟学习网络（VLN）社区。

（四）高中和大学就业途径没有实现最佳选择

一个日益复杂的问题是，不同学生途径的数量和范围以及从中学到高等教育和就业的过渡支持。[1]其包括青年保障基金（旨在创建从学校到工作和学习的明确途径的倡议）、中学高等教育资源（为学校提供资金，为学生提供与职业途径相一致的学习经历）和Gateway（支持学校为高年级学生提供获得结构化工作场所学习的机会）。在全国范围内，区域经济发展机构和高等教育机构之间存在一百多个青年保障伙伴关系。这些都旨在改善从学校到进一步学习、工作或培训的过渡。所有这些发展都具有建设性，均能够满足年轻人的需求。

但是，由于每个学生的资金都可能面临风险，因此中学会与最符合学生利益的高等教育机构建立灵活的合作伙伴关系。例如，合作伙伴关系将为中学生提供获得高等教育的机会。

正确地说，工作和学术途径具有同等地位，以鼓励学生、家庭和家族选择最适合学生最佳利益的教育和就业途径。平等

----

〔1〕 http://youthguarantee.net.nz/start-your-journey/about.

地位也将支持学校、鼓励学生作出明智的决定，以符合他们偏好的职业或学术途径。

三、新西兰中小学在组织高素质教师队伍的战略上缺乏必要的支持、连贯性和协调性

如果没有具备高技能和适合教育的劳动力队伍，我们就无法在教育系统中实现卓越和公平。目前的教师短缺反映出新西兰缺乏劳动力规划，而集体合同谈判则暴露出角色需求问题。2017年，只有48%的教师认为他们的工作量是公平的，只有43%的人认为这是可持续的。[1]62%的校长难以为他们的学校招聘有效的教师。

（一）教师和教师教育者需要更加多样化

当学生认为自己属于学校并且他们的语言、文化和身份受到重视时，学生就会成功。如果他们没有遇到与他们拥有相同生活经历和文化背景的老师，他们至少需要认识到老师欣赏他们自己宝贵的知识和文化经验对他们的重要性，以及他们在学校体验幸福和归属感的必要性。

2017年，新西兰的普通教师占74%（教授71%的学生），毛利裔教师占11%（教授25%的学生），太平洋裔教师占3%（教授13%的学生），亚裔教师占4%（教授13%的学生），MELAA占1%（教授2%的学生），种族不明或未报告的教师占11%。

这些数据表明新西兰需要制定一项雄心勃勃的长期国家战略，以确保儿童和年轻人能够由更多的教师教授，分享各自不同的经验、语言、文化和身份。

---

[1] C. Wylie et al., "Teaching Practices, School Practices, and Principal Leadership: the First National Picture", Wellington: NZCER. p. 19, http://www.tspsurveys.org.nz/images/TSP_ National_ Report_ 2017. pdf.

(二) 教师教育毕业生的素质和供给变化太大

竞争激烈的市场模式意味着现在有各种各样的教师培训提供者和计划。尽管如此，与一些海外系统不同，新西兰很少有非传统的教学途径，例如经过认证的校本模式。

在2011年至2016年期间，完成小学或中学初级教师教育的国内学生人数减少了1/3，这严重影响了全国教师队伍的供应和教师教育提供者维持高质量课程的能力。

教师、校长、家庭和来自不同背景的学生、有更多学习需求的学生对新老师经常不了解，无法有效地满足自身的需求。

没有足够的教师填补空缺（例如毛利语教学、艺术教学、技术教学）。没有足够的教师改善学生成绩随着时间的推移而下降的领域（如科学和数学），或确保学生在官方课程中开展丰富多样的学习。

(三) 系统没有保留足够的教师训练

在成为一名教师时，应该有一个相对无缝的过渡，让学生获得必要的持续工作经验，以获得完全认证和自信。

虽然教师短缺，但新培训的教师也不能保证实现就业，只有1/3的教授会被长期任用。学校不应该提供固定学期的职位，除非满足特定的条件。入职和辅导也具有不同的要求，特别是在新教师不在常任岗位上的情况下。

奥特罗阿在5年内失去了1/4的初任教师。对于毛利语教师毕业生来说，这一比例甚至更高，他们经常被期望为更广泛的学校社区提供毛利语学习，并且如果他们在英语-中等学校教书，他们也要履行自己的课堂责任。当他们开始工作时，新的毛利老师也面临着比新教师更大的责任。这表明需要为毛利教师提供定制支持。

教师劳动力供给政策往往缺乏连贯性和联系性。对于教师的招聘、培训和保留应该是政府机构、教师教育提供者和学校之间的共同责任。

第三节 新西兰教育法律制度的启示

一、完善学校董事会制度以促进学校的良好治理

(一) 与学校董事会一起，任命学校校长

在制定职位描述或宣传职位之前，教育中心将与学校董事会和社区进行磋商。该方法是由各方协作和共同设计的。

一个教育中心发起的小组，学校董事会中有高达50%的代表，将负责对符合条件的候选人进行筛选、面试和审查。教育中心雇用的领导顾问将监督任命过程。

一旦选择了首选候选人，学校董事会将在提出工作机会之前正式批准该候选人。委任委员会的成员将提供学校董事会其他成员可能需要的任何信息。

教育中心将为校长提供持续就业，并根据5年合同任命他们到特定学校。这将使教育中心能够为校长提供在各种学校环境中获得经验的机会，并为整个学校社区做出贡献。

(二) 绩效管理学校校长

这个过程将由领导顾问定期进行，并与校长共同设计，以支持他们的专业发展。如果校长的表现存在问题，领导顾问将及时采取适当的行动。

(三) 雇用老师

教育中心将成为教师的合法雇主，但校长将根据需要在教育中心的建议和指导下，在国家指导方针内任命所有员工。受教育中心雇用将为教师提供借调到其他学校或教育中心的机会，以便更广泛地分享他们的专业知识。同样，教育中心的工作人

员可以被借调到学校,以"重新连接"并获得最新的经验或从事特定项目。教育中心还将促使教师进入中央机构以及中央机构的工作人员进入学校。

(四) 持续监察学校的表现,并在有需要时提供支援

作为年度报告的一部分,学校每年都会收集并报告进展、成就、福祉和归属感。教育中心的网站将公布主办学校的战略和年度计划以及学校的年度报告,以便为每个学校提供单点访问信息。教育中心和校长将就健康和归属的数据收集达成最合适的共识。进展和成就数据将以课程、进展和成就部长级咨询小组的成果为指导。教育中心将发布年度报告,其中包含上述所有内容的综合数据,分析优势和劣势以及需要改进的领域。

教育中心将实时监控学校的表现,并在必要时提供支持。学校应该与高素质的工作人员定期联系,他们可以及时提供所需的服务。教育中心将与学校董事会合作,以最大限度地提高其与学校校长合作的战略规划、自我审查、学生福祉和参与以及学校董事会选举的效率。这意味着不再需要与 NZSTA 签订国家合同来培训和支持学校董事会。必要时,教育中心将有权解雇学校董事会。

(五) 为家长和学生提供宣传和投诉服务

教育中心将提供家长和学生倡导服务,采取恢复性方法,以便以积极和有益的方式解决问题。其还可以为家长和学生提供独立的纠纷和上诉服务。这项服务将确保在任何情况下均可向投诉人提供支持人员。对于独立争议和上诉,教育中心将继续通过现任监察员、儿童专员和高等法院渠道进行调查。

二、制定一项全国学校网络战略,为新西兰人提供充分的、有意义的教育

(一) 通过数字技术有机会获得更多的学习支持

虚拟学习网络(VLN)已经为小型和孤立学校的学生和教

师/kaiako 提供了丰富的学校教育。VLN 对小学和中学都有贡献，其中课程覆盖和 NCEA 学科选择可能会严重受损。

鉴于通过学习网络（旨在为所有学校提供政府资助的互联网接入）的数字基础设施计划投资，VLN 和 Te Kura 都有很大的潜力来支持和促进在线课程内容、学习、教学和评定。

（二）需要更多地使用现有的物理设施

建设和维护的成本不断增加意味着如果要提供最佳价值，必须更多地使用现有的学校建筑和设施。学校的开放时间可能远远超过目前的大多数场所。无论是提供免费的额外正式和非正式辅导还是其他对社区有价值的服务，人们都希望看到学校网站的访问量大大增加，以符合社区的利益。

此外，如果要使学习和评估变得更加灵活，就要以活动和个人兴趣为基础，并对学习者的生活环境做出反应，这对于学校教育的许多方面都会产生重大影响。包括传统的学校时间表怎样才算成功，以及学习如何随时随地得到认可。"及时"的在线评估和微观资格认证，学习者在整个学校和跨越过渡点都随身携带的电子档案，以及非正规和非正式学习经历的"徽章"都可能成为未来的学校教育特色。

（三）学校有机会为学习者提供更广泛的服务

许多学生都会经历周期性或持续的挑战，这些挑战会影响他们的健康，并严重影响他们的学习。这些挑战不能被简单地留在校门外。长期贫困和物质困难意味着多达 1/4 的儿童无法安全获得住房、食物和基本卫生及社会服务。[1]

（四）学校提供全方位服务的社区网站

更好地支持学生引出了一个问题，即社会经济条件不利地

---

[1] M. Duncanson et al., "Child Poverty Monitor Technical Report", http://www.nzchildren.co.nz.

区的学校应该在多大程度上成为"全方位服务"的社区网站、学生及其家人和家族能够获得所需的信息、建议和多机构服务，以确保学习障碍最小化。

为此，在最弱势学校增加辅导员、教育心理学家、护士、社会工作者和其他专业支持服务，可以形成早期识别和应对新出现的心理和社会需求的文化。这种文化超出了现有学校的能力。

三、加强对教师队伍的必要支持，以确保教学质量

（一）需要考虑最佳角色、职业发展途径和对辅助专业人员的支持

在学校，辅助专业人员是支持教师以获得学生福利的工作人员。辅助专业人员包括教师助理、非注册教师（如音乐家和艺术家），以及具有宝贵知识和专业知识的当地社区成员。由于学生带来的学习愿望和挑战越来越复杂，许多教师每天都与教师助理和其他辅助专业人员一起工作。

这里有两个关键问题。首先，随着教学和学习关系的变化，现在需要什么样的辅助专业角色以及将来需要扮演什么样的角色？有关学校教育条款的部分已提及此问题。其次，该系统如何在国家和教育中心层面建立培训、就业和职业途径，以便在整个学校系统中广泛应用于辅助专业角色？

就教师助理和雇用他们的人的意见，可知那些与最脆弱的年轻人一起工作的人仅拥有不安全的条件和低工资是不可接受的。毕竟，教育中心的建立为学校提供了继续聘用可以被任命为全职或兼职常任职位的工作人员的可能性，而教育中心则负责雇用和管理一群辅助专业人员（包括教师）助手，以响应整个教育中心的学习重点。

第五章　新西兰教育法律制度的经验启示

（二）建议教育部与新西兰奥特罗阿教育委员会合作，确保有一个统一的、以未来为中心的劳动力战略，包括确保初始教师教育的提供是针对未来的，并且适合目的。对这一策略的考验将是每所学校是否可以任命和保留所需的教师，以实现卓越和公平

这项工作应包括：确保教师的多样性更加贴近学生的多样性；审查初始教师教育，以提高整体质量和提供范围，并确保适当数量的提供者；开发替代灵活和优质的初级教师教育途径，以注册教师身份（如校本模式）；制定计划，以保证在特定时期内符合特定标准就业的新培训教师；教育中心辅助专业发展和就业的可行途径。

（三）建议教育中心协调专业学习和发展（PLD）和咨询服务，以便提供本地支持，并发展和维持当地的专业知识

为此，建议教育中心：制定战略计划，通过与学校和集群的合作，提高教师的能力，并相应地分配枢纽资源；使用比教育部目前使用的合同方法更少官僚主义的合同方法，在符合教育中心网络优先级的其他 PLD 中签订合同，这将使签约专业知识的可持续性成为可能；聘请可能包括借调教师和合同专家的课程顾问；监督新教师，以确保他们在雇用他们的学校得到很好的指导；支持在学校内建立专业学习小组，并鼓励和传播有根据的创新；根据教学实践的变化、教师供给的充分性以及教师福祉，评估中心资源的使用效果；确保实践中的有效变化和 PLD 在教育中心和全国范围内共享，以造福所有教师；协调救济教师和教室辅助专业人员，即教师助理和非注册教师。

REFERENCE
参考文献

1. D. Considine, "The Loose Cannon Syndrome: University as Business & Students Asconsumers", *Australian Universities' Law Review*, 37 (1994), 36.
2. M. R. Davies, "Universities, Academics and Professional Negligence", *Professional Negligence*, 12 (1996), 102.
3. R. K. Elleven, D. B. Lumsden and C. W. Kern, "Student Legal Issues Confronting Metropolitan Colleges and Universities: A 10-year Look Ahead", *Education and the Law*, 9 (1997), 41.
4. D. J. Farrington, "Resolving Complaints by Students in Higher Education", *Education, Public Law and the Individual*, 1 (1996), 7.
5. A. Hopkins, "Liability for Careless Teaching: Should Australians Follow the Americans or the British?", *Journal of Educational Administration* 34, 4 (1996), 39.
6. P. Kaye, "Colleges in Court", *Solicitor's Journal* (1990), 816.
7. W. Pengilley, "Causation and Reliance in Misleading and Deceptive Conduct Law", *Competition and Consumer Law Journal*, 2 (1994), 134.
8. D. W. Piper, "Are Professors Professional?", *Higher Education Quarterly*, 46, 2 (1992), 145.
9. G. Slapper, "Judging the Educators: Forensic Evaluation of Academic Judgement", *Education and the Law* 9, 1 (1997), 5.
10. Student Income and Expenditure Survey Research Report prepared for the Zea-

land University Students' Association and Associated Polytechnics Student Union by CM Research, October 1996.
11. T. Telfer, "Consumer Law", *New Zealand Business Law Quarterly*, 1 (1995), 46.
12. 张秋生: "新西兰毛利人的历史与现状", 载《世界民族》1996 年第 1 期。
14. A. Armitage, *Comparing the Policy of Aboriginal Assimilation: Australia, Canada, and New Zealand*, UBC Press, 1995, p. 175.
15. 高燕: "新西兰毛利人教育政策的历史发展研究与启示", 西北师范大学 2010 年硕士学位论文。
16. B. Johnson, K. A. Johnson, "Preschool Immersion Education for Indigenous Languages: A Survey of Resources", *Canadian Journal of Native Education*, 2 (2002): 107.
17. E. Mckinley, "Bodies of Knowledge: Narratives of Colonialism, Science, and Education", In Kenneth Tobin and Wolff-Michael Roth (eds.) *The Culture of Science Education*, 2007, pp. 348~349.
18. Ad Hoc Cabinet Committee on Training and Employment, "Further Education and Training: Who Should Pay? Have Your Say", Wellington: The Committee, 1987.
19. O. Aziz et al., "The Effect on Household Income of Government Taxation and Expenditure in 1988, 1998, 2007 and 2010", *Policy Quarterly* 8, 1 (2012).
20. J. Boston, "The Ownership, Governance, and Accountability of Tertiary Institutions in New Zealand", *New Zealand Annual Review of Education*, 6 (1997), 5~28. Retrieved 27 November 2015 from www.victoria.ac.nz/education/research/nzaroe/issues-index/1996/pdf/text-boston.pdf.
21. J. Boston, "Evaluating the Tertiary Education Advisory Commission: An Insider's Perspective", *New Zealand Annual Review of Education*, 11 (2002), 59~84. Retrieved 4 December 2015 from http://ojs.victoria.ac.nz/nzaroe/article/view/1415/1274.
22. J. Codd, "The Third Way for Education Policy: TEAC and Beyond", *New*

Zealand Annual Review of Education, 11 (2002), 31~57. Retrieved 9 December 2015 from www. victoria. ac. nz/education/research/nzaroe/issues-index/2001/pdf/text-codd. pdf.

23. L. Evans and N. Quigley, "University Governance: Industrial Organisation In the Context of Tertiary Education", Victoria Economic Commentaries 13, 1 (1996), 23~27.

24. L. Goedegebuure et al. , "OECD Reviews of Tertiary Education: New Zealand", Retrieved 4 December 2015 from www. oecd. org/newzealand/38012419. pdf.

25. N. Green, "To Market and Back? An Evaluation of the Universal Tertiary Tuition Allowance Policy of Funding Tertiary Education in New Zealand (Unpublished Master's Thesis) ", Victoria University of Wellington, New Zealand, 2005.

26. G. R. Hawke, "Report of the Working Group on Post Compulsory Education and Training", Wellington: Cabinet Social Equity Committee, 1988.

27. G. R. Hawke, "Education Reform: the New Zealand Experience, New Zealand Trade Consortium Working Paper No 20", Retrieved 26 November 2015 from https://nzier. org. nz/static/media/filer _ public/b4/c1/b4c1cec2 - ecb6 - 40b2-b86a-885f9218bfab/nztc20. pdf.

28. G. R. Hawke, "Aligning Education with Our Contemporary Society and Economy, IPS Lecture Series: New Zealand Future Maker or Future Taker", Retrieved 27 November 2015 from www. treasury. govt. nz/downloads/pdfs/tfr-hawke-4nov09. pdf.

29. Labour Market Analysis Unit, "New Zealand Report on Further Education and Training of the Labour Force, New Zealand Department of Labour Occasional Paper 1989/2", Wellington: Department of Labour, 1989.

30. R. Laking, A. Foulkes and N. Kyrke-Smith, "The New Zealand Qualifications Authority: Strategic Risks and Opportunities-a Review", Wellington: NZQA. McKinsey, "Education to employment: Designing a system that works", Retrieved 8 January 2016 from http://mckinseyonsociety. com/downloads/

reports/Education/Education-to-Employment_ FINAL. pdf.
31. M. McLaughlin, "Tertiary Education Policy in New Zealand", Retrieved 4 December 2015 from www. fulbright. org. nz/wp-content/uploads/2011/12/axford2002_ mclaughlin. pdf.
32. Ministerial Consultative Group Report (The Todd Report), "Funding Growth in Tertiary Education and Training", Wellington, 1994.
33. Minister of Education, "Learning for Life: Two", Wellington: Government Printer, 1989.
34. Minister of Tertiary Education, Skills and Employment, "Increasing the Number of Apprenticeships in New Zealand and Improving the Quality of Industry Training, Paper for Cabinet Business Committee", Retrieved 30 November 2015 from www. beehive. govt. nz/sites/all/files/Cabinet_ Paper. pdf.
35. E. Mo, "Education for the 21 st Century", Wellington: Author, 1994.
36. E. Mo, "History of Industry Training, Paper Prepared for the Review of Industry Training", Retrieved 8 January 2016 from www. nzito. co. nz/viewobj. cfm/historyofindustrytrainingfinal. pdf? file_ name = historyofindustr ytrainingfinal. pdf&objID=681.
37. E. Mo, "What We Get for What We Spend, Inputs, Outputs and Outcomes of the Government's Tertiary Education Expenditure 2004–2013", Retrieved 10 December 2015 From www. educationcounts. govt. nz/publications/tertiary_ education_ all/what-we-get-for-what-we-spend-2004-2013.
38. New Zealand Parliament, "Education (Restoration of Democracy to University Councils) Amendment Bill 2015", Retrieved 15 December 2015 from www. parliament. nz/en-nz/pb/legislation/bills/digests/51PLLaw22911/education-restoration-of-democracy-to-university-councils.
39. New Zealand Treasury, "Government Management: Brief to the Incoming Government, VolumeI Education Issues", Retrieved 24 November 2015 from www. treasury. govt. nz/publications/briefings/1987i.
40. New Zealand Treasury, "Government Management: Brief to the Incoming Government, Volume Ⅱ Education Issues", Retrieved 24 November 2015

from www. treasury. govt. nz/publications/briefings/1987ii.
41. New Zealand Universities Review Committee, "New Zealand's Universities: Partners in National Development", Wellington: New Zealand Vice-Chancellors' Committee, 1987.
42. NZPC, "Boosting Productivity in the Services", Retrieved 4 December 2015 from www. productivity. govt. nz/inquiry-content/services-sector.
43. NZPC, "More Effective Social Services", Retrieved 3 December 2015 from www. productivity. govt. nz/inquiry-content/social-services.
44. NZQA, "Prior Learning and Credit Transfer", Retrieved 15 December 2015 from www. nzqa. govt. nz/studying-in-new-zealand/tertiary-education/prior-learning-and-credit-transfer.
45. M. Probine and R. Fargher, "The Management, Funding, and Organization of Continuing Education and Training: the Report of a Ministerial Working Party", Wellington: The working party.
46. C. Bennett, "The New Zealand Principal Post-Picot", *Journal of Educational Administration* 32, 4 (1994), 36.
47. R. J. S. Macpeherson, "The Reconstruction of NewZealand Education: a Case of High-Politics Re-form?", H. Beare and W. L. Boyd (eds.). *Re-structuring Schools: an International Perspective on theMovement to Transform the Control and Performance ofschools*, London: The Falmer Press, 1994.
48. R. J. S. Macpherson, "Radical Administrative Re-forms in New Zealand: the Implications of the Picot Report for Institutional Managers", *Journal of Educational Administration* 27, 1 (1989).
49. L. Gordon, "The New Zealand State and Educationalreforms: 'Competing' Interests", *Comparative E-ducation* 28, 3 (1992).
50. J. Nathan, *Charter Schools: Creating Hope and Op-portunity for American Education*, San-Francis-co: Jossey-Bass, 1996.
51. R. Bloomfield, "Social Studies: the New Zealand Prin-cipal Post-Picot", *Journal of Educational Adminis-tration* 32, 4 (1998).
52. L. Gordon and G. Whitty, "Giving the 'Hidden Hand' a Helping Hand? The

Rhetoric and Reality of Neoliberal Educational Education Reform in England and New Zealand", *Comparative Education* 33, 3 (1997).

53. 林维燕、何安平："新西兰教师资格标准和教师教育发展体系研究"，载《外国教育研究》2007年第7期。

54. 张淼："英、美、新西兰中小学技术教师教育模式研究"，首都师范大学2012年硕士学位论文。

55. 李英、陈时见："新西兰初任教师入职教育的实施策略与基本经验"，载《比较教育研究》2011年第11期。

56. 颜婉芬："关于新西兰教师教育发展与改革的研究"，福建师范大学2009年硕士学位论文。

57. 祝怀新、汪萍："20世纪80年代以来新西兰高等教育资助策略探析"，载《外国教育研究》2007年第9期。

58. "The Role of the Education Review Office in New Zealand Education", http://www.ero.govt.nz/ero/publishing.nsf/Content/ERO%27s+Role, 2005-05-24.

59. "Framework for Reviews in Shool", http://www.ero.govt.nz/ero/publishing.nsf/Content/Handbooks, 2006-03-01.

60. "Review Information for Schools and Early Childhood Ser-vices", http://www.ero.govt.nz/ero/publishing.nsf/Content/Review%20Process, 2005-07-21.

61. "The Education Review Office Ministerial Briefing", http://www.ero.govt.nz/Publications/pubs2005/05BIMOct05.pdf, 2005-10-01.

ACKNOWLEDGEMENT
致 谢

  回想自己的求学之路，弹指一挥间，已有22年之久。其中之酸甜苦辣，千言万语难以说尽；其中之坎坷曲折，现在想来颇多感慨；其中之奋斗拼搏，仍然令人热血沸腾！

  1997年9月，一个怀揣梦想的少年从山东昌邑农村来到孔子的故里——曲阜师范大学教育科学学院求学，学习教育学。由于大学期间对于专业不甚热爱，仍然希望学习自己喜爱的专业，因此在报考研究生时选择了西北政法大学的诉讼法专业，来到西安求学。由于改学了专业，而被有些大学同学戏称为"教育学的叛徒"。

  人生无常，总是让人琢磨不定。在攻读研究生期间，曾到西安周边的一些私立高校给学生上课。经过一个学期的教学之后，却发现自己阴差阳错地喜欢上了教师这个职业。因此，研究生毕业之后，就义无反顾地来到了原西南师范大学，成了政法学院的一名教师。

  为了自己专业发展的需要，也是出于学校对于教师的一种要求，于2011年考入了西南政法大学，成为法律史专业的一名博士研究生。2015年年底经过博士论文答辩，顺利取得了法学博士学位。

致 谢

　　博士虽然顺利毕业了，但是自己的学术研究不能止步，还需要进一步的拓展和深入。最近几年，教育法学的发展如火如荼，但因学者们关注的时间不长，所以还有很多的领域需要去研究和开拓。由于我本科学的是教育学，硕士和博士学的是法学，如果能把以前所学的不同专业知识结合起来，应该可以更好地发挥自己的优势和特长。基于以上原因，我把教育法学作为自己的研究方向。

　　虽然本科学的是教育学，但是本科阶段掌握的知识毕竟非常有限，还不足以满足自己学术研究的需要，必须进一步地学习和深造。另外，自己在学术研究的方法和路径上还存在着诸多问题，还需要得到高人方家的提携和指导。如何解决自己面临的这些问题呢？经过深思熟虑之后，我决定进入博士后流动站继续学习和深造，认为这是解决问题最好的一种选择。由于自己所选的研究方向与教育学相关，因此就选择了进入教育学部博士后流动站进行自己的学习和研究工作。进入博士后流动站之后，必须有一个研究课题。我在 2014 年至 2015 年期间，曾经到新西兰的奥塔哥大学访学一年，因此对新西兰的教育法律制度具有一定程度的了解，而且我回国的时候带回了很多英文的原始资料，恰好可以给我的研究提供很多方便。所以，计划把新西兰教育法律制度作为我进入博士后流动站的研究课题。由于陈时见教授是研究比较教育的专家，他对外国教育制度非常熟悉，能够对我的研究工作给予全面和系统的指导，因此我想选择陈老师作为我的合作导师。

　　但是，陈老师不但是比较教育的知名教授，而且身兼学校副校长一职，平时公务非常繁忙，不一定能够答应我的请求。不过我还是抱着试一试的想法，通过我的师兄向陈老师提出了我的请求，没有想到陈老师非常痛快地答应了，之后我就成为西南大学教育学部博士后流动站的正式一员。

　　进入流动站之后，就开始了我的研究工作。由于研究课题涉及很多英文原始文献，需要进行大量的翻译工作，因此进展缓慢，而且非常辛苦。在此期间，陈老师对我的研究工作给予了耐心和系统的指导，让我找到了研究的方法或门路，增强了研究工作的信心。经过长期的思考和研究，终于匆匆忙忙地完成了博士后出站报告。工作的顺利完成与陈老师的耐心和科学指导是分不开的，在此我要对陈老师表示衷心的感谢。

　　自从1997年进入大学求学以来直到现在，我的家人一直都在默默地陪伴和支持着我，他们是我坚强的臂膀和温暖的港湾。没有家人的支持和陪伴，我的求学之路不可能走到现在。还有小学和中学期间所有教过我的老师们无私地给我传授基础知识，为现在的学术研究奠定了坚实的基础。对他们的辛勤付出，在此表达诚挚的谢意。

　　"路漫漫其修远兮，吾将上下而求索。"屈原的这句话一直激励着我，让我在困难面前不退步，辛苦面前不懈怠，永远保持奋斗和拼搏的精神。不忘初心，砥砺前行。但愿我的学术研究之路越走越宽阔，越走越平坦！